Sich auf Gott verlassen

Sich auf Gott verlassen

Erfahrungen mit Gebeten

HERAUSGEGEBEN VON
RUDOLF WALTER

Herder
Freiburg · Basel · Wien

Erweiterte Neuausgabe

Umschlagmotiv: Archiv Gröning

Herstellung: Freiburger Graphische Betriebe 1987
ISBN 3-451-20974-8

Inhalt

RUDOLF WALTER

Sein Leben zur Sprache bringen oder: Was geht uns das Beten an?

Der Dichter *Heinrich Mann* konnte sich am Ende seines Lebens nicht erinnern, in seinen Schriften den Namen Gottes je erwähnt zu haben: „Vielleicht aus Entgegenkommen für eine Konvention des Zeitalters. Oder, im Gegenteil, als unwillkürlichen Protest gegen diese Trägheit." Mir hat sich eine Stelle aus seiner Autobiographie „Ein Zeitalter wird besichtigt" eingeprägt, in der er, in Episoden von zeichenhafter Verdichtung, sein Leben, *das* Leben, noch einmal geistig Revue passieren läßt und große Fragen im Lichte kleiner Begebenheiten beleuchtet.

Auf einer staubigen Straße Italiens war er einst mit einem Kapuzinermönch ein Stück des Wegs gemeinsam gewandert. Der stellte die Frage nach seinem Bekenntnis: „Ehrwürden, keines." – „Sie glauben nicht." – „Das wäre zu viel für mich. Ein Selbstvertrauen, das sich durch nichts gerechtfertigt fände, wäre nötig, um Gott zu leugnen." – „Sie glauben!" – „Ich leugne nicht, das ist alles, was ich kann. Ich gestehe meine Unwissenheit." Beim Abschied sagte der Mönch unvermittelt: „Jetzt werde ich immer für Sie beten müssen." In der Erinnerung des alten Schriftstellers, des Wortführers unter den Nachfolgern der Aufklärer in Deutschland, taucht diese Begebenheit nach Jahrzehnten wieder auf: „Wenn aber etwas, das mir zustieß, wunderbar war, dann dies: In einem Kloster und auf dem Weg zu kranken Bauern wird einer vollendenden Seele gedacht, und sie soll meine sein." Zweifelnd an seinem eigenen Zweifel und doch auch betroffen von der Ahnung, daß dieses Eingedenksein eines anderen ihn ganz unmittelbar und persönlich betrifft, ja daß es zu dem Wesentlichen gehört, was ihn selber, jetzt und über die Zeiten hinweg, ausmachen soll – was rührt ihn da an? Die Erinnerung an eine andere einfachere Welt? Der Klang einer Sprache aus der Ferne der Kindheit oder aus dem Jenseits frömmerer Zeiten?

Friedrich Nietzsche, geistiger Ziehvater *Heinrich Manns,* der, Erdbeben und Seismograph in sich selber, die Erschütterung einer Zeit ohne Gott wahrnahm, hat das Bild des „tollen Menschen" gezeichnet, der am hellichten Tag mit der Laterne auf dem Marktplatz herumirrt und Gott sucht, von dem ihm die anderen sagen, daß er tot sei. Eine gespenstische Parabel: Gottes Verlust und Verlorenheit des Menschen wären das gleiche?

Eine andere Geschichte. Heller, scheint es, und ebenfalls von der Suche nach Gott. *Elie Wiesel,* dieser große jüdische Geschichtenerzähler, legt sie Rabbi Baruch und seinem kleinen Enkel Yehiel in den Mund. Der kam in Tränen aufgelöst in die Studierstube des Meisters: „Yehiel, Yehiel, warum weinst du?" „Mein Freund betrügt! Es ist unfair, er hat mich ganz und gar verlassen, daher weine ich." „Willst du mir das nicht genauer erzählen?" „Sicher, Großvater. Wir spielten Verstecken, und ich war an der Reihe, mich zu verbergen, und er war daran, nach mir zu schauen. Aber ich hatte mich so gut versteckt, daß er mich nicht finden konnte. Da hat er aufgegeben. Er hörte einfach auf, nach mir zu schauen. Und das ist unfair." Rabbi Baruch begann Yehiels Gesicht zu streicheln, und ihm selber traten Tränen in die Augen. „So ist es auch mit Gott, Yehiel", flüsterte er leise. „Stell dir seinen Schmerz vor. Er ist versteckt, und der Mensch schaut nicht nach ihm. Verstehst du, Yehiel, Gott verbirgt sich, und der Mensch sucht ihn nicht einmal…“

Eine naive und kindliche Vorstellung? Der sie berichtet, *Elie Wiesel*, ist, ein Kind noch, durch die Hölle von Birkenau, Auschwitz, Monowitz und Buchenwald gegangen. Durch die dunkle Nacht einer verriegelten menschlichen Hölle und die dunkelste Nacht der Abwesenheit und des rätselhaftesten Schweigens Gottes.

Was ist Beten? Der bedingte Reflex infantiler menschlicher Angst? Worte, die, aufgeblasen von diffuser Sehnsucht, in einen leeren Himmel treiben? Oder unbedingte Reflexion auf Hoffnung, Vertrauen und Liebe – lebensbestimmende Wirklichkeit bis in den Tod hinein, so real, daß sie mir *als Person* zugewendet ist?

Schon die Frage ist heute vielen bloß peinlich, sie verletzt den üblichen Takt. Dies nicht etwa, weil Beten sich in privaten und intimen Nischen der Innerlichkeit oder in abgeschlossenen Bunkern der Not abspielte. „Was geht uns das Beten an?“ – So formuliert sich eine Mauer der Abwehr, die ihren Schatten auf die Sache und den Menschen selber wirft: eine steinerne Mauer, aufgeschichtet aus nichtgemachten Erfahrungen, gemörtelt mit Desinteresse, zementiert und festgemauert in jenem Boden eines „kritischen“ Bewußtseins, das zur Gewohnheit wurde. Eine Mauer auch, die den Blick nicht freigibt darauf, was hinter ihr sein könnte. Gehört sie zur „Definition“ unserer Beschränktheit? Oder könnte es sein, daß die Frommen selber sie mit Bergen frommer Worte, von der anderen Seite her sozusagen, aufgeschichtet haben? Daß sie selber für ihre Zeitgenossen den Nebel über das gelegt haben, was Beten sein und erreichen könnte, daß „Gebete brutzelnd im Fett des eigenen Namens“ *(Kurt Marti)* jenen kritischen Zeitgenossen in den Augen brennen, die nicht sehen, was Gebet auch sein könnte?

Sicher hat es auch mit dem alltäglichen Schicksal unserer Sprache zu tun, wenn Gebetssprache im allgemeinen Verständnis, wenn nicht als tote, so doch nur als Fremdsprache vorzukommen scheint. Die Sprache der modernen Welt ist Instrument, das man handhabt: zur Verwaltung, zur Überredung, zur Organisation, zur Verfügung über Objekte. Sprachmächtigkeit ist Macht, die Wirklichkeit zu beherrschen, ist Werkzeug, mit dem der selbstmächtige Mensch sein Leben in die Hand nimmt, die Waffe, um im allgemeinen Interessenkonflikt zu überleben. Diesem Verständnis, das über die Poren des sogenannten Zeitgeistes das säkulare Bewußtsein und Handeln erreicht, scheint Gebet dann nur magische Vorform dieses Willens zur Macht.

Andere sagen: Kritik gegen solches Verständnis der Sprache sei heute eine Sache der Dichter. Auch die Sprache religiöser Erfahrung sei ausgewandert in das (christlich gesehen) anonyme Feld der Literatur. Die Poeten seien die Sensiblen im Lande, die die Wirklichkeit unbeschönigt ins Wort fassen, sie seien die gnadenlos wahrhaftige Instanz der Anklage und der Vision eines besseren menschlichen Zustands.

Dichter und Beter sind in der Tat Verwandte. Im Sprachtresor der Poesie hat sich die Menschlichkeit verschlüsselt herübergerettet, waren – und sind – Schönheit und Form Sinnzeichen im Widerstand gegen eine Wirklichkeit des Grauens. Aber die Menschlichkeit des Beters und des Dichters sind nicht identisch, sie haben je andere Bezüge. Literatur ist meist eine Sache für Kenner, gefiltert durch ästhetische Kategorien, geschrieben für eine Öffentlichkeit, die Geschmack und Verständnis aufbringt dafür. Im Beten verdichtet sich anderes als das, was den Regeln der Logik und der Schönheit unterworfen ist. Hier bringt der Sprecher sich selber anders ins Spiel, undiszipliniert und ungeschützt auch, er geht sich selbst auf den Grund, öffnet sich auf eine Wirklichkeit hin, die, nicht zu fassen, uns „innerlicher ... als wir uns selbst" *(Karl Rahner),* die auch nicht „gnadenlos" ist.

Gerade in einer Welt der totalen Organisation, anonymer Strukturen, der zerfließenden Zeit eines endlos-evolutiven Geschichtsverständnisses kann solches Sprechen und Verhalten doch Ausdruck einer „Sammlung" der Person, eines konzentrierten Widerstehens gegen diese „Sachzwänge" werden. In der Anonymität der Masse, im Fluß der maßlosen Ewigkeiten wird des Menschen, wird meiner gedacht, bin ich nicht bloß eingespeichert in das kalte Gedächtnis eines universalen Computers, der nicht vergessen kann, sondern aufgehoben und geborgen in der Erinnerung einer geheimnisvollen umfassenden Liebe: das hofft, das glaubt der Beter.

Beten kann also nicht nur von der Sprache her, es muß vom Sprecher her verstanden werden. *Kurt Marti* hat von „solchen Gebeten, die keine Gebete/und keinen Gebeten, die dennoch Gebete" sind, gesprochen. Mehr denn als Sprechakt ist Beten demnach zu verstehen als Akt der Redlichkeit, der Wahrhaftigkeit – seiner eigenen Existenz gegenüber, aber im Blick auf anderes. Es ist Lebensvollzug, Lebensausrichtung. Keine Weltabstinenz von Introvertierten, die die Augen verschließen vor der Wirklichkeit, sondern der Versuch, unter die Oberfläche zu blicken, ohne von der Fülle des Lebens abzusehen. Es schließt den unartikulierten Schrei der Angst mit abgeschnürter Stimme ein. Auch jenen Schrei, der nicht ausgestoßen wird. Es ist ein Bekenntnis zum Leben, dem nichts fremd ist: die Freude, die Trauer, die Hoffnung und die Depression, die Dankbarkeit und der Schmerz, die Anklage, die Suche, der Zweifel, die Ekstase, der Frieden. Es ist eine Bewegung, die nichts ausschließt: die Scham, die

Schuld, den Zorn, die Tränen, die Toten und die Lebenden, die Geliebten, die Gefürchteten und die eigene Furcht, das Glück, und noch die eigene Unfähigkeit. Es ist ein Hören, eine Aufmerksamkeit, ein Erwachen zu sich selber: der Vorgang, in dem man in das eigene Leben einzudringen versucht, es auslotet. Ein Ausloten, das sich selber dadurch bestimmt, daß es noch andere Maßstäbe zu seiner Bestimmung braucht. Beten ist Ruf und Echo auf einen Anruf. Es ist das Echo-Lot menschlichen Lebens, ein Lot, das durch alle vordergründigen Schichten auf den eigenen Grund zu zielen versucht. Zu beschreiben wäre es ferner als Preisgabe: ein Loslassen seiner selbst, ein Fallenlassen aller Masken. Es braucht keine Täuschungen, keine Listen, keine kalkulierte oder gedrechselte Rhetorik. Beten ist also nicht verbale Hülle um das Gerippe unserer Angst vor dem Nichts oder vor dem andern. Es ist vielmehr getragen von dem Glauben, daß Vertrauen ursprünglicher und berechtigter ist, von der Hoffnung, daß die ausgestreckte Hand nicht ins Dunkle und Leere greift, sondern, im Bild gesprochen – aber wirklich und wahr, angenommen wird von einem Du, das uns meint.

Gott ist, wo man ihn einläßt, heißt es. „Wodurch uns Gott einfällt", so der Philosoph *Emmanuel Levinas*, das ist: sich annehmen, die dialogische Bedingung des eigenen Lebens verwirklichen*. Sich annehmen: „das erste Gebet", wie *Paul Valéry* in einem Vers sagt.

Sicher muß man durch die Wüste der eigenen Ängste, sich, ausgerüstet mit dem Kompaß des Vertrauens, auf den Weg machen, auf das Ziel hin, nach dem unser Leben unruhig ist, um nicht das Leben und uns selbst zu verlieren.

Gebet, so verstanden, ist eingelassen in die gesamte Wirklichkeit. Der Strom unseres Lebens ist gehalten vom

---

* *E. Levinas,* Dialog, in: Christlicher Glaube in moderner Gesellschaft. Eine Enzyklopädische Bibliothek, Band 1.

anderen Ufer, von der Grenze, die uns nahe ist, an die wir gebunden sind als die andere Seite unseres Lebens.

Thomas von Aquin hat gegen die „passiones animae", die Leiden und die Leidenschaften der Seele, sieben Heilmittel empfohlen. Die *Freude,* die den Ausgleich für den Alltag schafft, die *Tränen,* die den Menschen heilsam bis ins Leibliche hinein lockern und klarer sehen lassen, den *Rat,* d.h. die sympathische Zuwendung der Freundschaft, die *Meditation* der Wirklichkeit, ein Realitätsbewußtsein, also, das von Nebensachen absehen kann, aber auch den *Schlaf,* der über den Leib wirkt und dem Körper das Wohlsein zurückgibt, und das *Bad,* das das verlorene Gleichgewicht wiederherstellt zwischen Leib und Seele – und schließlich das *Beten* als den personalen Kontakt zur Quelle unseres Lebens, als Hinwendung aus der Ohnmacht zum Heilen.

Ein solches Verständnis umgreift das ganze Leben, läßt sich nicht abdrängen in eine Schein-Antithese zwischen Kopf und Gefühl, zwischen Innerlichkeit und Weltbezug. Seine ganze Geschichte schreibt der Beter im unmittelbaren Bezug zu Gott. Sein Leben selbst ist das dramatische Gesprächsprotokoll, mit einem offenen Ende, das sein Ja und Amen im Tod hat. Und das ist nicht für jeden und keineswegs immer leicht. Wem aber die Worte fehlen, auf die er angewiesen ist, der braucht nicht am Nullpunkt anzufangen. Er kann sich an die beglaubigten Erfahrungen anderer erinnern, sein Leben mit ihren Worten formulieren, die vielleicht Licht zu werfen vermögen auf die eigenen Dunkelheiten. Von einem Chassiden wird erzählt, daß ein berühmter Schriftgelehrter, der fürchtete, den Glauben zu verlieren, zu ihm kam. Der Chassid ließ sich auf keine philosophische Diskussion ein, sondern forderte den Gast auf, mit ihm mehrere Male die Gebete zu wiederholen, die er als Kind auswendig gelernt hatte: „Und das war alles."

Wohin rufen?

Wie aber soll ich meinen Gott anrufen, meinen Gott und meinen Herrn, da ich doch, wenn ich ihn rufe, in mich herein ihn rufe? Und welches ist der Ort in mir, wohin er kommen soll, mein Gott? Wohin soll Gott in mir denn kommen, Gott, der „den Himmel gemacht hat und die Erde"? Ja ist denn, Herr, mein Gott, etwas in mir, das Dich fassen könnte? Aber Himmel und Erde, die Du gemacht, in denen Du mich gemacht hast, fassen die Dich denn? Oder – weil ohne Dich nicht wäre, was da immer nur ist: steht es so, daß alles, was ist, Dich faßt? Nun aber bin auch ich, was bitte ich also noch, daß Du kommest in mich, der ich nicht wäre, wenn Du nicht in mir wärest? Denn – noch hat mich nicht die Unterwelt, und wäre es so, Du bist auch dort. Denn „ob ich fahre auch zur Unterwelt, Du bist da".

Nicht also wäre ich, mein Gott, ja gar nicht wäre ich, wenn Du nicht wärest in mir. Oder vielmehr, wär ich nicht, wenn ich nicht wär in Dir, „aus dem alles, durch den alles, in dem alles" ? Auch so ist's, Herr, auch so. Wohin soll ich Dich rufen, da ich in Dir doch bin? Oder von wannen kämest Du in mich? Wohin sollt ich entwandern, hinaus über Himmel und Erde, daß von dannen in mich käme mein Gott, der da gesprochen: „Himmel und Erde erfülle Ich" ?

Augustinus

PHIL BOSMANS

Ein Mensch darf Gott für alles danken

Wenn ich müde bin
vom Weg zu den Sternen,
um den Menschen in der Nacht
ein bißchen Licht zu holen,
dann setze ich mich in die Stille,
und ich finde dich, mein Gott!
Dann lausche ich der Quelle,
und ich höre dich.

Ganz tief in mir selbst
und in allem, was um mich ist,
spüre ich ein großes Geheimnis.
Gott,
für mich bist du ganz nah;
für mich bist du da,
spürbar, greifbar gegenwärtig.
Gegenwärtig bist du in mir,
mehr als die Luft in meinen Lungen,
mehr als das Blut in meinen Adern.

Gott, mein Gott,
ich glaube an dich.
So wie der Blinde an die Sonne glaubt,
nicht weil er sie sieht,
sondern weil er sie spürt.

Übertragen von Ulrich Schütz

Lieber Gott,
in Jesus hast du mich spüren lassen,
wieviel du von mir hältst.
Was mich bewegt, ist Dankbarkeit.
Wie sehr du mich liebst!
Deine Liebe zu mir hast du
in die ganze Natur gelegt
und in die Menschen, die um mich sind.

Du bist ein Gott der Liebe.
Mit tausend Händen streichelst du mich.
Mit tausend Lippen küßt du mich.
Mit tausend Früchten speist du mich.
Ein Löffel goldgelber Honig beim Frühstück:
dafür hast du Tausende von Bienen
Tausende von Stunden fliegen lassen,
tausend Blumen blühen,
und die Sonne ließest du scheinen,
denn bei Regen fliegen Bienen nicht.

Lieber Gott,
alles hast du mir gegeben,
alles, was ich habe,
und alles, was ich bin.
Mit tausend Flügeln trägst du mich.
Bei dir bin ich zu Hause
wie ein Kind.

Lieber Gott,
nicht zu fassen ist die Freude,
die ich so unverdient genießen darf.
In Tagen der Angst und Not
läßt du mich erfahren,
was die Propheten
vor Jahrhunderten schon wußten,

daß du mich auf deinem Rücken trägst.
Mit zwei Händen hältst du mich fest.
In Tagen der Schwäche und Sünde
hinterläßt du immer
Heimweh in meinem Herzen
wie eine tiefe Wunde,
und sie wird erst heilen,
wenn mein Herz
wieder in deiner Hand liegt.

Gott, du hast mir ein Wort gesagt,
es macht mir alles klar,
es ist ein Trost, der nicht stirbt
und der mich niemals verläßt –
es ist das eine Wort,
mir tief ins Herz gesprochen:
„Nicht ihr habt mich erwählt,
sondern ich habe euch erwählt.“

Du hast mich zuerst geliebt.
Seit ich bin, hast du mich geliebt.
Mit unendlicher Geduld
hast du mich in deinem Dienst gehalten.
Ich bin ein kleines Stückchen Glas,
deine Liebe soll den Menschen darin leuchten.
Ein Stückchen Glas,
so manches Mal vom Alltagstrott verstaubt,
verdreckt von den Stürmen des Lebens.
Aber jedesmal hast du es wieder
siebzig Mal siebenmal rein gewaschen
im warmen Regen deiner Barmherzigkeit,
und du hast es zärtlich in deine Sonne gelegt,
damit es leuchtender denn je
mitspielt im ewigen Spiel der Liebe
zwischen dir und den Menschen.

Gott,
aus Scherben machst du
Spiegel deiner Liebe.
Lieber Gott,
alles hast du mir gegeben.
Gib mir noch eins:
ein dankbares Herz.

BETEN IST MENSCHLICH

Was ist „Beten“ für Menschen von heute?
Es läßt sich schwer in Worte fassen.
Ganz tief im Menschen beginnt das „Beten“.
Etwas ganz Persönliches ist das „Beten“,
so verschieden, wie die Menschen verschieden sind.
Für jeden Menschen beginnt das Beten – meine ich – so:
Nach dem Grund suchen,
aus dem man lebt,
nach dem Wesen suchen,
das größer ist als der Mensch.
Suchen, was für einen Sinn denn das alles hat,
was es da gibt und was da geschieht.
Dieses verzweifelte Suchen so vieler Menschen
ist bereits eine erste Form von Beten.

Für mich ist „Beten“ eine Frage der Liebe,
des Vertrauens, der Hingabe,
einer gläubigen, beinahe blinden Hingabe
an ein unergründliches Wesen,
in dem ich mich geborgen weiß.
Ich fühle mich eingeholt
vom magnetischen Feld eines Gottes,

der Liebe ist
und der mich immer mehr an sich zieht.
„Beten" wird dann
etwas Selbstverständliches,
etwas ganz Natürliches,
eine Art Atemholen.

Beten wird heute verachtet, unterdrückt und verdrängt.
Die Menschen stopfen sich mit materiellen Dingen voll;
durch solche Übersättigung haben sie
den Kontakt zu Gott verloren,
verloren ist die Verbindung mit dem Geheimnis
und mit ihrem eigenen tiefsten Inneren.
Der westliche Mensch leidet an „multipler Sklerose":
Geist und Herz sind erstarrt und verhärtet.
Das Materielle beherrscht sein Denken bis ins Mark.
So hat er Gott für tot erklärt,
und alle Lichter sind erloschen.
Wem Gott fehlt,
dem geht Sinn und Zusammenhang von allem verloren.
Der Westen ist geistig in Konkurs gegangen.

„Herr, lehre uns beten!"
Das bedeutet heute:
Herr, bring uns wieder zum Leben!
Löse uns vom Sog des Materiellen!
Befreie unser Herz und unser Denken!
Lehre uns lieben!
Und der Herr wird antworten:
„Wenn ihr betet, dann sagt:
‚Vater unser'."
Damit ist auch gesagt:
Wir sind miteinander
und mit einem Wesen über uns

verbunden durch eine Beziehung der Liebe.
Beten ist eine Frage der Liebe.

Was ist Beten?
Mit deinem ganzen Wesen antworten
auf das unergründliche Geheimnis
einer Liebe, die nicht vergeht,
die zu dir spricht in der ganzen Welt
und durch alle Wunder um dich her.
Was ist Beten?
Sich ansprechen lassen und Antwort geben,
danken, sich freuen,
fragen, klagen, schreien,
schweigen, mitgehen, ja sagen
in Worten, in Zeichen, in Taten
und in deinem ganzen Leben.

Beten ist kein Opium,
kein Rest altmodischer Gebräuche.
Gebet ist kein Automat:
„Etwas in den Automaten hineinstecken, wählen,
und du bekommst, was du gewählt hast."
Beten ist nichts fern vom Leben.
Beten ist grundlegend,
die grundlegende Tat deines Menschseins.
Wer betet, kann leben,
auch in dieser Zeit.
Beten verändert den Menschen.
Wer betet, wird bescheidener,
einfacher, liebevoller und fröhlicher.
Wer nicht betet, ist wie eine Lampe,
die keinen Strom mehr bekommt.

Wer betet, für den gehen alle Wege ins Licht.
Für den zündet Gott seine Sonne an.
Wer betet, wird die Wärme
des göttlichen Morgens erfahren.
Und wenn ihn Gott auch manchmal
in einer dunklen Nacht allein läßt,
er wird sich doch gehalten wissen
von einer zärtlichen Hand,
die ihn zu ewigem Leben führt.

Ein Vogel ist ein Vogel,
wenn er fliegt.
Eine Blume ist eine Blume,
wenn sie blüht.
Ein Mensch ist ein Mensch,
wenn er betet.

Ratschlag

Und folgenden Ratschlag wiederholte Rebbe Pinchas gern im Namen des Bescht: „Wenn du das Bedürfnis hast zu danken, dann danke Gott. Wenn du aber anklagen willst, dann klage dich selbst an."

Elie Wiesel

JOHANNES BRANTSCHEN

Auch stummes Leid kann Sprache finden

Am 3. Dezember 1964 starb in einer Zürcher Klinik der gefeierte Schauspieler und Regisseur *Ernst Ginsberg*. *Ginsberg*, Sohn einer jüdischen Arztfamilie in Berlin, konvertierte als 35jähriger zum Katholizismus. Von den Nazis aus seiner Heimat vertrieben, siedelte er mit seiner Familie nach Zürich um und machte am dortigen Schauspielhaus eine glänzende Karriere. 1962 kehrte *Ginsberg* nach Berlin zurück. Sein Auftreten in der alten Heimat wurde für ihn zu einem persönlichen Triumph, und es war klar, daß *Ginsberg* in Berlin vor einer zweiten großen Karriere stand. Da überfiel ihn eine heimtückische Krankheit: Lateralsklerose nannten sie die Ärzte, – unheilbar! Über das Fortschreiten und den Ausgang seiner Krankheit war *Ginsberg* sich im klaren. Er wurde nach und nach vollständig gelähmt; zum Schluß verlor der begnadete Schauspieler auch noch sein geliebtestes Gut: Stimme und Sprache. Sein Geist aber blieb unversehrt. In den langen Monaten, als die fortschreitende Krankheit ihn langsam einkerkerte, verfaßte er u. a. Gebete in Gedichtform. Die letzten Verse entstanden, als sein eingemauerter Geist sich nur noch mit Hilfe von Tabellen und Buchstabentafeln zu äußern vermochte. Die letzte Strophe eines seiner letzten Gedichte heißt:

Ich falte
die Hände,
die lahmen,
im Geist
und bete
ins Dunkel,
daß es
zerreißt.

In dieser langen Nacht des Leidens, die durch keine menschliche Hoffnung mehr erhellt wird – menschlich gesprochen ist alles zu Ende –, faltet *Ginsberg* seine Hände zum Gebet. Er kann sie nur noch im Geiste falten, weil seine lahmen Hände seinem Willen nicht mehr gehorchen. Sein Gebet in tiefer Nacht ins Dunkel hineingesprochen ist getragen von der Bitte, Gott möge sein *Dunkel* zerreißen, das heißt wohl: Gott möge ihn in sein göttliches *Licht* aufnehmen.

Der Mensch kann in ausweglosem Leiden auch anders reagieren. Vom sterbenden *Beethoven* wird erzählt, daß er seine Faust ballte und sie gen Himmel reckte, während *Sigmund Freud* sein tödliches Leiden Jahre hindurch in unerschütterlich stummer Resignation mannhaft ertragen hat. Während *Beethoven* die Faust ballt und *Freud* stoisch schweigt, will *Ginsberg* die Hände falten. Revolte, Resignation und christliche Ergebung – das sind die drei menschlichen Möglichkeiten angesichts ausweglosen Leids. Die Revolte spricht uns wegen ihrer Ehrlichkeit an, die stoische Resignation ringt uns Bewunderung ab, die christliche Ergebung aber – im und durch *das Gebet* erreicht – erscheint vielen Zeitgenossen verdächtig. Sind Gebet und Ergebung nicht unredliche Fluchtversuche vor der leidvollen Wirklichkeit oder gar feige Unterwerfung unter einen allmächtigen Herr-Gott?

Nun: christliche Ergebung ist weder passives Erdulden noch blinde Unterwerfung, sondern aktive Annahme des Leidens, getragen von der Hoffnung, daß Gottes Hände uns noch dort auffangen können, wo wir „Macher“ am Ende sind. Christliche Ergebung ist keine stumme Resignation, sondern freie Einwilligung in den Willen jenes Gottes, von dem Paulus uns sagt, daß er denen, die ihn lieben, alles zum Guten gereichen läßt (vgl. Römer 8,28). Dieses Einswerden mit Gott, diese radikale Annahme des Leidens, die nur *im Gebet* erreicht werden kann, vermag den Leidenden und sein Leiden zu *verwandeln.* Der Leidende ist dann zwar besiegt, aber zugleich stärker geworden – wie die Liebe immer besiegt *und* stärker macht.

Allerdings fällt diese Annahme des Leidens, die das Leiden zu *verwandeln* vermag, dem Christen nicht in den Schoß. Um sie muß gerungen werden. Sie wird nur durch Weinen, Klagen und Bitten hindurch geschenkt. Mit anderen Worten: Diese christliche Ergebung ist eine *Frucht des Gebetes,* sie steht nicht am Anfang, sondern am Ende eines langen Weges. Der Christ, den auswegloses Leid trifft, darf weinen und sich ängstigen, er darf klagen und fragen, er darf bitten und Gott bestürmen. All dies gehört zum Menschsein des Menschen und damit zum Gebet im Leiden, denn Beten ist ein Vollzug des ganzen Menschen. Der Mensch darf im Gebet mit allem, was er ist und hat, was er fühlt und empfindet, vor seinen Gott hintreten. Ein solches Gebet ist ein subversiver Akt in unserer eindimensionalen Leistungsgesellschaft, die das Leiden schamhaft versteckt, verdrängt und entwichtigt; denn dieses leidenschaftliche Gebet findet sich nicht mit der puren Faktizität ab, sondern es appelliert unter Klagen und Tränen an jenen Gott, bei dem alles möglich ist und von dem uns die Bibel sagt, daß er der „Liebhaber des Lebens“ sei (Weisheit 11,26).

Im ausweglosen Leiden darf der Christ zuerst einmal *weinen und sich ängstigen.* Jesus hat im Garten von Gethsemane angesichts des Furchtbaren, das er auf sich zukommen sah, gezagt und gezittert. Der Christ ist kein unerschütterlicher Stoiker, sondern ein Mensch aus Fleisch und Blut. Wäre ein Mensch, der weder Angst noch Tränen kennt, nicht ein verstümmelter Mensch? *Ginsberg* schreibt:

Ich habe viel und bitterlich geweint
in leerer Krankenzimmernacht gefangen
schwach wie ein Kind, das nach der Mutter greint
von Angst gewürgt, gejagt von schwarzem Bangen
dem nicht das kleinste Erdenlicht mehr scheint –
So, nackt und zitternd, sollt ich heimgelangen.

Der Christ darf nicht nur weinen und Angst empfinden; er darf auch *klagen und „Warum?" fragen,* immer wieder. Die Klage ist die Sprache des Leidens. Das stumme Leiden muß Sprache finden. Die Klage ist seine Sprache. Ohne die Phase der Klage, ohne den Schrei „Warum?", droht der leidende Mensch von der dumpfen und stummen Apathie verschluckt zu werden.

„Mein Gott, mein Gott, warum hast du mich verlassen?" – schreit der sterbende Jesus am Kreuz, ein Wort aus dem Psalm 22 aufnehmend. Ein von Gott und den Menschen Verlassener versinkt in der Sphäre der Gottferne und des Todes, aber noch im Versinken klammert er sich an seinen Gott. Hier schreit ein gequälter Mensch sein Leid heraus, das er nicht mehr ertragen kann – und er schreit es zu seinem Gott. Mein Gott – ich laß Dich nicht, auch wenn ich Dich nicht verstehe. Bis in die Tiefe des menschlichen Leidens hat Jesus sich mit uns solidarisiert. Jesus, unser Bruder, stimmte mit diesem Psalm in das millionenfache „Warum" ein, das nicht nur im alten Israel, sondern in der ganzen Welt vor ihm, neben ihm, nach ihm Gott entgegengeweint, entgegengeschrieen wurde und wird. Jesus hat dieses „Warum" im Abgrund letzter Sinnlosigkeit durchlitten und uns damit die Freiheit gegeben, auch unser ureigenes „Warum" Gott entgegenschreien zu dürfen. Mein Gott, warum haben wir ein verstümmeltes Kind, warum bin ich gelähmt, warum ist meine Ehe zerbrochen, warum habe ich keinen einzigen Menschen, der zu mir steht... Dieser klagende und fragende Schrei ist dann ein Gebet, wenn er sich anredend an Gott wendet, wenn er aus dem DU nicht herausfällt.

Ach, – so klagt *Ginsberg,*

Ach, ich bin doch schon lahm
Warum noch das Letzte mir rauben
was den Menschen von Tieren scheidet:
die Sprache –

Der Mensch im Leiden darf nicht nur weinen, klagen und „warum" fragen, er darf und soll auch Gott *bitten,* ihn von seinem Leiden zu befreien, seine Not zu lindern. So geht denn *Ginsbergs* Klage und Warum-Frage über in die ergreifende Bitte, Gott möge ihm wenigstens *ein* Wort lassen, das Wort „Dank", um all denen zu danken, die ihn auf seinem Lebensweg begleitet haben.

Oh mein Gott, in der Sturmflut dieser Zerstörung
in der mir die Sprache röchelnd ertrank
laß mir – oh schenk meiner Bitte Erhörung –
nur dieses einzige Wort noch: Dank.

Selbst diese Bitte wird ihm nicht erfüllt, die Krankheit schreitet unerbittlich weiter. *Ginsberg* ergeht es wie so vielen andern Betern: Seine flehende Bitte bleibt unerhört, sie scheint im Leeren zu verhallen. Gott scheint zu schweigen. Und dieses Schweigen Gottes nimmt vielen Menschen den Mut, überhaupt noch ein Gebet zu wagen. Diese Anfechtung kann der gläubige Beter wohl nur im Blick auf Jesu Gebet in Gethsemane bestehen. Zitternd und zagend wirft sich Jesus dreimal auf die Erde und betet: „Lieber Vater, laß diesen Kelch an mir vorübergehen. Doch nicht wie ich will, sondern wie Du willst" (Markus 14,36). Jesu flehende Bitte um Verschonung vor dem Leiden wird gleichzeitig getragen von jenem andern Gebet: „Aber nicht wie ich will, sondern wie Du willst." Jedes christliche Gebet im Leiden, jede Bitte um Linderung der Not, muß deshalb auch diesen letzten Schritt tun: „Vater, nicht mein, sondern Dein Wille geschehe!" Es ist dies die Bitte um Gnade, *ja* sagen zu können zu dem, was Gottes unbegreifliche Liebe mir zumutet. Obwohl Jesu Bitte um Verschonung vor dem Leiden nicht erfüllt wurde, kehrt Jesus getröstet von seinem Gebet zu den schlafenden Jüngern zurück. Er ist ein anderer als der, der zum Gebet fortging. Er klagt und zittert nicht mehr. Er ist klar und wach: „Die Stunde ist gekommen. Steht auf, laßt uns gehen" (Markus 14,42). Ähnliches geschieht mit *Ginsberg*. Obwohl das *äußere* Wunder ausbleibt – Gott greift nicht in die Gesetze der Natur ein, die Krankheit nimmt ihren Lauf –, ereignet sich ein *inneres* Wunder. Im Gebet ist *Ginsberg* die Gnade der christlichen Ergebung geschenkt worden. Er kann ja sagen zum Leiden und gewinnt so jene „Gelassenheit", die ohne Ressentiment vom Verhaftetsein an die Dinge *lassen* kann – jene Gelassenheit, die alles, zuletzt auch das Liebste, ohne Groll verabschieden kann –, in völliger Hingabe an jenen Gott, von dem der Apostel Paulus sagt, daß weder Tod noch Teufel uns von seiner Liebe zu trennen vermögen (vgl. Römer 8,38). Dieses innere Wunder – das ist die Erhörung, die sein Gebet gefunden hat – ist so überwältigend, daß *Ginsberg* zu *danken* anfängt: nicht für das Leiden – das wäre masochistisch – wohl aber dafür, daß durch das Leiden sein Glaube reiner und reifer geworden ist –, und auch dafür, daß Gott seinem Glauben die Kraft geschenkt hat, am Leiden nicht zu zerbrechen, sondern zu wachsen. So kann der verstummte *Ginsberg* nun in tiefer christlicher Ergebung voll hoffender Zuversicht sein letztes Gebet wagen:

Nun wird es Zeit zu danken ...
Das Wort vermag es nicht!
Doch Du nimm den Verstummten
Herr, wortlos heim ins Licht.

Die Zitate von Ernst Ginsberg wurden entnommen aus: „Abschied". Erinnerungen, Theateraufsätze, Gedichte, © 1965 by Peter Schifferli, Verlags AG *Die Arche*, Zürich, S. 234, 238, 249, 256, 257.

Worum beten?

Du hast also gehört, wie du selbst bei deinem Gebete beschaffen sein sollst; nun höre, worum du beten sollst, denn darüber glaubtest du ja vorzüglich mich befragen zu müssen, weil dich das Wort des Apostels beunruhigt: „Worum wir beten sollen, wie es sein muß, das wissen wir nicht“ (Röm 8,26). Du hast sogar gefürchtet, es möge dir mehr zum Schaden gereichen, nicht so zu beten, wie es sein muß, als überhaupt gar nicht zu beten. Hierauf läßt sich in Kürze antworten: Bete um ein glückliches Leben! Denn alle Menschen wollen ein solches haben. Sogar jene, die ein ganz schlechtes und verworfenes Leben führen, würden keineswegs dies tun, wenn sie nicht glaubten, auf diese Weise glückselig sein oder werden zu können. Um was anderes also solltest du beten als um das, was sowohl Gute als Böse begehren, wozu aber nur die Guten gelangen?

Augustinus

WALTER DIRKS

Es geht um mein Leben, in Büßen und Danken

Wenn Du meine Sünde suchst, flüchte ich vor Dir zu Dir hin. Ich berge mich in Deinem Schatten vor der Glut Deines Zornes und halte mich am Saum Deiner Barmherzigkeit, bis Du Gnade schenkst, und ehe Du mich nicht segnest, lasse ich Dich nicht ziehen.

Dieses Gebet geht auf *Salomo ibn Gabirol* zurück, der als Jude in Spanien zwischen 1020 und 1058 bezeugt ist. Der Text gehört zu den seltenen Gebeten der Überlieferung, in denen über Büßen und Danken zugleich nachgedacht wird. Und doch gehören diese beiden Gebetsrichtungen zusammen, enger als man denken mag.

Noch ein anderer Gedanke aus diesem Text ist mir wichtig: *Ich flüchte vor Dir zu Dir.* Gott, wenn es ihn gibt, ist unsagbar anders und unsagbar fern; aber wir finden ihn, wenn wir ihn finden, nur in unserer allernächsten Nähe, geradezu in uns selbst. Es gibt offenbar keine mittlere Distanz zu ihm. Für gedankenlose Theisten mag Gott eine eindeutige Größe sein, eine Art „Objekt", zwar ziemlich weit weg, aber mehr oder weniger leicht und mit mehr oder weniger eindeutigen Methoden erreichbar. In Wahrheit ist er ein Geheimnis, das zugleich unerreichbar und manchmal äußerst nahe ist – beseligend oder bestürzend nahe. Ich kann über das Maß seiner Entfernung nicht verfügen. Ich muß es hinnehmen, daß er heute taub und stumm ist, vielleicht überhaupt nicht zu existieren scheint oder aber als ein so heiliger Schrecken, daß er unantastbar bleibt – und morgen kann er mühelos gefunden werden: Er ist da.

Ein Wort über das Beten im allgemeinen. Ich habe nicht immer beten können. Vielleicht kann keiner immer beten. Mit dem Schatz der christlichen (und jüdischen, auch andersgläubigen) Gebete gehe ich nicht sorgsam um; ganz wenige kann ich (noch) auswendig. Am „glattesten", besser: am unbefangensten geht das Beten in der Gemeinde. Sie trägt mich, wenn ich als Einzelner versage oder verzage; manchmal halte ich mich dabei an die Kinder, an ihre Einfalt, manchmal an die frommen Alten, manchmal an die ganze so ungemein gemischte Gesellschaft, in der ich da sitze. Viele alte Texte, die ich da singen soll, sind für mich nicht mehr vollziehbar; sie sind auf eine andere Weise fromm, als ich es sein kann, auch viele an sich schöne Lieder; andere lassen sich beten, wieder andere uminterpretieren. Was man früher „Stoßgebete" nannte, spontane Ausrufe, habe ich nicht mehr zur Verfügung. Doch entsprechen ihnen „Einfälle" – die ich einmal recht lyrisch mit „Blitzschlag und Morgentau" verglichen habe.

Heute wird man im Zeitalter des Versuchs, ganz ehrlich zu sein, vor allem nach dem freien Beten fragen. Es hat ein halbes Leben gedauert, bis ich merkte, wie viele der sogenannten „Dialoge mit Gott" in Wahrheit Selbstgespräche waren. Und es dauerte wieder ein Jahrzehnt, bis ich lernte, auch und gerade diese Selbstgespräche als Gebete zu verstehen. Aber ein großer Beter kann einer kaum werden, der in der Welt zu Hause ist, gebeutelt zwischen Rationalität und Emotionalität. Ein fast magischer Rest, das Kreuzzeichen, muß in vielen Situationen, die im großen oder im kleinen für mich bedeutsam sind, das ausführlichere Gebet ersetzen, das eigentlich fällig wäre.

Kann man gegen Gottesferne, gegen Herzensleere anbeten? Mit wechselndem Glück wird man es versuchen; es geschieht oder es geschieht nicht. „Herr ich glaube, hilf meinem Unglauben" ist oft das Ende solcher Versuche. Lange Zeit und auch heute noch habe ich mir einen Ersatz für die höchste Form des Betens ausgedacht, für die sogenannte Meditation, die heute ja wieder so ernstlich gesucht wird und zugleich in Mode gekommen ist. Meditieren hieße in dem bescheidenen Sinn, den das Wort für mich leider nur hat, vor Gottes vorgestelltem Angesicht zu reflektieren, will sagen: zu fühlen, zu denken, zu überlegen, bei sich selber und bei den Gegenständen bleibend, aber eben „im Angesichte Gottes" – oder wenigstens mit immer erneuerten Seitenblicken auf ihn.

Ganz selbstlos ist die Anbetung. Aber ihr Gegenstück, das sozusagen egoistische Bittgebet, kann man auch rechtfertigen. Der Dank und die Buße, so verschieden sie zu sein scheinen, da diese sich auf Schuld, jene auf Geschenke, auf Glück, auf Gelingen bezieht, haben doch gleichfalls eine gewisse Egozentrik gemeinsam. Im Bußgebet und im Dankgebet geht der Beter von sich selbst aus und bezieht im Gebetsdialog auch den Partner Gott auf sich selbst. Darf man das? Ich neige zu der Meinung, nichts sei natürlicher als das; nichts sei authentischer und ursprünglicher, wenn einmal die noch radikalere Naivität des kindlichen Bittgebets im Prozeß der Selbstfindung überwunden ist. Gott, über alles menschliche Ahnen hinaus unergründlich und geheimnisvoll „groß", hat nicht dieses sein Wesen, sondern „nur" das von sich mitgeteilt, was dem Menschen zugänglich ist. Ist aber Gott so teilhaft auf unser Sein hin gerichtet, so liegt es nicht fern anzunehmen, auch wir dürften und sollten ihn von unseren Bedürfnissen aus sehen und ansprechen.

Zu meiner (und vielleicht auch anderer) Grunderfahrung gehört, daß ich Gott vor allem als Adressaten – so auch meines Dankes und meiner Buße –. „brauche“. Es ist kein Mißbrauch Gottes, ihn zu brauchen. Gibt es ihn, dann werden wir ihn auch brauchen. Solange ich nicht selbstlos anbeten kann, sollte ich in meinen Angelegenheiten mit Gott sprechen – also auch danken und büßen dürfen.

Das Brauchen ist, nebenbei bemerkt, seit *Feuerbach*, *Marx* und *Nietzsche* in schlechten Geruch gekommen: Die Christen „machen“ sich den Gott, den sie „brauchen“, – das ist der Kern jener Religionskritik. Es könnte so sein, durchaus, aber es muß nicht so sein. Ein Marsbewohner darf aus der Tatsache, daß seine menschlichen Studienobjekte Durst haben, keineswegs schließen, es müsse Wasser geben; doch ist seine Vermutung, es könnte so etwas wie Wasser geben, plausibler als das Gegenteil.

Wenn einer etwas zu danken hat, so liegt die Folgerung, er werde dann eben auch dankbar dafür sein, nahe genug. Heutzutage wird denn auch am ehesten jene Bedingung in Frage gestellt, man habe überhaupt etwas zu danken. Alle äußeren und inneren Schrecken der Gegenwart werden dagegen aufgeführt. Diese haben auch mich oft so zerquetscht, daß mir ein Dankgebet wie Blasphemie (– gegen die Würde der leidenden Mitmenschen –) vorkommen wollte. Aber auf die Dauer konnte ich es bei Adornos und anderer These, daß nach Auschwitz weder Blumen blühen noch Gedichte geschrieben werden könnten, nicht aushalten. Wenn noch so fürchterlich gefoltert wurde: Die Rose, die Rose, die Rose am Stock, vor mir im Garten am Dienstag morgen um 9 Uhr blieb schön. Und also auch dankenswert. Die heile Welt freilich liegt in Scherben, aber wie es Trittsteine der Hoffnung auf Sinn hin gibt, so auch Inselchen und Inseln des Glücks, Archipele sogar. Soll ich große Inseln und kleine Eilande aufzählen? Etwa die Begegnung mit einem großen Kunstwerk? Den Zusammenklang zweier Farben, zweier Tonstrukturen? Das Glück der Erkenntnis? Die springenden Bewegungen eines Kindes, zweier Kinder, dreier Kinder, die umeinander tanzen, ohne zu wissen, wie glücklich sie sind? Ich könnte Seiten mit solchen Möglichkeiten füllen. Ist ein Toter im Haus, dann freilich verstummen die Amselrufe. Aber die weite Erde und die lange Zeit haben Platz für beides: für die Schrecken und für das Glück. Ist der tiefe Schlaf keine Wohltat? Kann ich leugnen, daß die Verbindung koitaler Ekstase und herzlicher Zuneigung mein Herz erschüttert? Ist der freundliche Gruß des Nachbarn nichts? Als Privilegierter *habe* ich noch einen Nachbarn, aber freundliche Grüße kommen auch in der U-Bahn vor, und es gab sie sogar im KZ!

Natürlich, ich sagte es schon, bin ich privilegiert, und die meisten von denen, die diese Gedanken zur Kenntnis nehmen, sind es auch. Sollten sie etwa die Geistes- und Seelennöte ihrer hohen Intellektualität, in der sie die großen Schrecken und schleichenden Untergänge erkennen, für schwerer aushaltbar halten als den Hunger und den Lebenskampf von Zeit- und Weltgenossen, die sie als primitiv einschätzen, so sage ich ihnen, daß es jedenfalls schäbig wäre, die Folter und die Entwürdigung mit unseren vornehmen Seelennöten aufzurechnen. Sind wir, wir Europäer im Zwanzigsten Jahrhundert, in vieler Hinsicht privilegiert, so trennt uns doch die Dankbarkeit nicht von den weniger Privilegierten, sondern verweist uns erst recht auf sie und an sie. Der wahrhaft Dankbare kann nicht vergessen, daß es andere gibt, die wenig oder nichts zu danken haben. Dank ist weder elitär noch arrogant; Dank ist bescheiden. Ich will ein altmodisches Wort hinzufügen: Dank macht ritterlich.

Mit meiner Würde hängt – wie das Bedürfnis zu danken – auch das andere zusammen, zu büßen und also auch Bußgebete zu sprechen. Sie haben sehr entschieden einen doppelten Aspekt, einen dunklen und einen hellen. Meine Würde verlangt von mir selbst, daß ich mir hinter die Schliche komme, daß ich die Schäbigkeiten ernst nehme, die großen und kleinen Aggressionen, die großen und die kleinen Lügen und Arrangements, die ich mir geleistet habe. (Gewalt und Lüge machen zusammen das Böse aus.) Schlimmer noch als Taten sind die schrecklichen Unterlassungen, die ich mir selber seelenruhig angetan habe. Sie haben mich zu dem gemacht, der ich nicht werden sollte und wollte. Das ist ein dunkler Aspekt. Ich will mich zu meinem Schatten bekennen; ich kann es aber nur, wenn ich mich nicht kokett seiner rühme, sondern ihn als so dunkel erkennne, wie er ist. Das aber ist nur möglich, das wird mindestens leichter möglich, wenn mir geschieht, was dem jüdischen Beter des 11. Jahrhunderts geschehen ist: Wenn einer da ist, der mir Vergebung zuspricht, der mich „segnet", sei es der, an dem ich schuldig geworden bin, sei es Gott. Ihren tiefsten Sinn erhält meine Buße dadurch, daß ich meine Schuld im Licht der Heiligkeit Gottes zu sehen suche. Wer Gott als heilig voraussetzt, wird den ganzen Ernst von Buße erkennen. Kann ich meine Schuld aber im Licht der Vergebung durch den Heiligen Geist sehen, so habe ich unmittelbar Grund zu einem Dank, dessen Tiefe der der Buße entspricht.

Untrennbar davon ist ein zweiter heller Aspekt der Buße: Ihr Sinn heißt Wandlung, Erneuerung, neues Leben. Der Philosoph *Max Scheler* hat in diesem Sinn zwei Begriffe eng aneinander gebunden: „Reue und Wiedergeburt", ein starkes Wortpaar. Vergebung und Erneuerung sind zwei unausweichliche Gründe dafür, daß Büßen und Danken miteinander verschränkt sein sollten. Ich kann nicht das eine tun ohne das andere, nicht das andere ohne das eine. Ich empfinde diese Doppelbewegung des Büßens und Dankens nicht als eine fromme Übung. Es geht darum um meine Existenz, in beidem.

Wunsch

Wie alles in der jüdischen Überlieferung, so entfaltet sich auch das Gebet auf mehreren Ebenen. Der ganze jüdische Humanismus ließe sich durch ein Wort des Talmud verdeutlichen, wonach das stumme Gebet – oder das Schweigen im Gebet – deshalb in den Gottesdienst hineingenommen worden ist, um die Sünder nicht in Verlegenheit zu bringen.

Metaphysisch gesehen impliziert das Gebet eine Gewißheit oder zumindest den einen Wunsch, daß Gott doch nicht gleichgültig gegenüber dem bleibe, was seine Schöpfung bedroht oder reich macht.

Elie Wiesel

FRIEDRICH HEER

Die dunkle Nacht der Gottheit

Ich erinnere, in der Mitte meines siebten Jahrzehnts, Gebetserfahrungen aus sechzig Jahren. Sie beginnen mit einer Katastrophe: Ich sitze, in meinem vierten Lebensjahr, verzweifelt, auf einem hochsommerlichen Balkon und schreie, lautlos, kein Wort kommt mir über die Lippen, schreie auf – zu einem Gott, der mir böse, mörderisch, heimtückisch, erbarmungslos erscheint – und mir nicht hilft.

Das war im Jahr, in dem mein geliebter Großvater starb, die Ehe meiner Eltern geschieden wurde und ich auf Grund eines Mißverständnisses stundenlang von meiner Mutter in der „Sommerfrische" am Kamp, einem Nebenfluß der Donau in Niederösterreich, gesucht worden war: Die schwer bedrängte Frau fürchtete, daß mir das Schlimmste zugestoßen sei.

Heute bin ich unheilbar krank, kann den „Fortschritt" meiner Krankheit täglich spüren, ich brauche nur meinen Leib zu befühlen. Ich bin dankbar für jeden Tag meines Lebens, bin gemessen heiter, arbeite sehr, sehr gerne, betrübe mich über die augenscheinliche Impotenz der zahlenmäßig nahezu einer Milliarde „Christen", die scheinbar untätig – so wirkt es jedenfalls – dem möglichen Fortschritt von einer Endlösung der Judenfrage zu einer Endlösung der Menschenfrage zusehen – und ich sehe froh, wie da junges Leben um mich wächst, in meinen Kindern, in anderen jungen Menschen, und wie das Leben in Menschen „arbeitet".

Ich wußte in meinem vierten Lebensjahr und in anderen, späteren Jahren meines Lebens nicht, daß der Mensch sehr wohl auch mit Flüchen, mit Flüchen gegen Gott, mit verzweifelten Aufschreien an die Adresse „leerer Himmel" beten kann: Juden haben in ihren Psalmen und in späteren Gebeten diese Form von Beten vorgeformt. Die Bekanntschaft mit dem *Juden* Jesus und damit auch ein möglicher Einstieg in seine wurzelhaft jüdischen Gebetserfahrungen ist für Christen erst jungen Datums.

Mein Beten und Nicht-Beten reflektiert wohl etwas von dem großen Bankrott, in den das Beten, das Beten gerade auch von Christenmenschen in unserem 19. und 20. Jahrhundert geraten ist. Wer nicht irgend einmal diesen Bankrott an der eigenen *Leibseele* miterlebt hat, dürfte sich, wie ich meine, in Vorräumen aufhalten: in das Allerheiligste, also in das Dunkelste, also in das sich jeder sprachlichen „Fassung", „Bewältigung" Entziehende, dürfte er, wahrscheinlich, nicht eindringen. Vermutlich beten Menschen dann Sekundärgebete; sie beten formal, „es" arbeitet wahrscheinlich nicht in den tiefsten Schichten ihrer Person, *muy muy al interior*, wie *Teresa von Ávila* und ihre großen männlichen Mystiker-Brüder in Spanien fordern – und vorlebend beten.

In das Allerheiligste, in das Dunkelste „eindringen", wo Sprache aufhört und wo der eigene Wille – zur „Selbstbehauptung" – schmilzt, wo ich nicht mehr „ich, ich, ich" rufe, denke, fühle, *da* ist der Sinn meines Betens, wie er mir zugewachsen ist, in den Krisen, in den Katastrophen meines Lebens.

Früh berührten mich zwei „Worte", die große Erfahrungen ansprechen: ein apokryphes *Mohammed*-Wort: „Gott ist dir näher als die Schlagader an deinem Halse", und, noch etwas mehr, ein Satz des *Ignatius von Loyola* an *Nadal: Ignatius* möchte „auf der Feuerhand Gottes schmelzen".

Beten: keine Rezepte, keine Programme, keine Modelle – wohl aber Mitteilungen von Lebenserfahrungen, und Ausdrucksformen des jeweiligen Wasser-(Hochwasser – Tiefwasser) Standes der Leibseele. Leibseele: Der Mensch lebt, also betet er auch, wenn er lebendig betet, mit seiner ganzen Existenz: von den Haaren des Hauptes bis zu den Zehen, die sich im eiskalten Landserstiefel in den Eisschlamm drücken – in einem russischen Kriegswinter. Ich habe nie *geglaubt,* also mit meiner ganzen Existenz es für möglich gehalten, aus Rußland, aus dem Zweiten Weltkrieg, heimzukehren.

Ich hielt das „für ganz unmöglich". Und betete damals weiter.

Noch dies: Ich habe in diesem meinem Leben in sehr verschiedenen Formen gebetet. Mit Gebetbüchern, mit recht voluminösen und gut gearbeiteten Stundenbüchern, in denen jeder Tag durch Gebete und Kurz-Betrachtungen aus der Weltliteratur des Gebets und der Spiritualität angesprochen wurde. Ich habe in Kirchen und in Bauernstuben gebetet, und immer wieder in der „Wüste", in der Einsamkeit meines Herzens. Ich habe, wie mir seit Jahren lange vor *dieser* Krankheit, bereits offenbar wurde, auch gebetet in den Zeiten, in denen ich nicht gebetet habe: in denen es mir nahezu als obszön, als skurril, als töricht, als kindisch erschien, zu beten: nicht als kindhaft! Vor *wirklichen* Kindern, und damit auch ihren Gebeten habe ich immer höchsten Respekt gehabt. Nicht aber vor ältlichen „Kindern": vor „Christen", die in ihre Pubertäten zurückgleiten, die in ihren Regressionen leben, von denen man den Eindruck hat, daß ihr Gott nicht mitwächst mit ihrem Leben.

Seit geraumer Zeit habe ich den Eindruck: „Es“ hat damals in mir weiter gebetet, in meinen Tiefenschichten, in denen „es“ in mir arbeitet, tags und nachts arbeitet. Verdächtig war mir immer das Bitt-Gebet in eigener Sache. Ich praktiziere es heute noch gelegentlich, aber nicht sehr engagiert, indem ich um ein Sterben bitte, das nicht zu sehr durch *physische* Schrecken verdüstert wird. Leidenschaftlich betete ich, und bete ich für andere Menschen, für Menschen, die mir nahe stehen, für Feinde, Gegner.

Ich stelle hier als *Gebet*, als ein persönliches Gebet, zu dem ich eine besondere Beziehung habe, einen Text aus dem Evangelium des Matthäus vor:

Er hat auf Gott vertraut, der soll ihn doch erlösen, wenn er ihn wirklich liebt! Er sagte ja: „Ich bin Gottes Sohn.“ In gleicher Weise schmähten ihn auch die Räuber, die mit ihm gekreuzigt worden waren. Von der sechsten bis zur neunten Stunde lag auf dem ganzen Lande eine Finsternis. Und um die neunte Stunde rief Jesus mit lauter Stimme: „Eli, eli, lama sabakthani?“ das heißt „Mein Gott, mein Gott, warum hast du mich verlassen?“ (Matthäus 27,43–46.)

Ich empfinde diese Worte des Evangeliums wortwörtlich und existentiell als eine Frohe Botschaft, als ein Gebet: wie es Menschen zukommt, es zu beten, die, wie ich, Intellektuelle sind, die mit ihrer ganzen Vernunft beten müssen oder eben nicht beten müssen. Menschen, die vor dem scheinbaren Bankrott Gottes und des Menschen auf dieser Erde nicht im Allerletzten erschrecken, sondern glauben, daß das alles, das Kreuz dieses Gottes, der als Gott ein Kreuz für so viele Menschen ist, und das Kreuz so vieler Menschen hier angesprochen werden, durch Fakten. Durch harte Fakten.

Gebet also nicht als Anempfindung, als mein „Wunsch", mein „Wille", mein Sturm und Drang, sondern als dies: ständige Öffnung meiner Leibseele dem Allerheiligsten zu, dem ganz Dunklen: in der Sprache der großen Mystiker gesprochen, der *noche oscura,* der „dunklen Nacht der Gottheit", dem *Nada,* d.h. dem „Nichts", wie es diese großen Frommen nannten: dem göttlichen Nichts.

Was hier angeboten wird, wahrhaftig zur *Erbauung,* als Nährmittel, als Baumittel zum Aufbauen der leibseelischen Person, so daß diese gottoffener, menschoffener, wirklichkeitsoffener wird, bis zu dem Moment, wo sie sich „übergibt": sterbend, in letztem Widerstand und in letzter Hingabe – beides ist für mich untrennbar verbunden –, ist dies:

Er *der Mensch,* lebt in seinen Tiefenschichten irgendwie in der Überzeugung: „Ich bin Gottes Sohn." Ich habe, zunächst erstaunend, diese oft umschwiegene, tief unbewußte, ja ungewollte und uneingestandene Überzeugung auch in Menschen arbeitend erlebt, die sich als „überzeugte Atheisten" verstehen – und mich erstaunt und betroffen ansahen, als ich ihnen dies auf den Kopf zusagte.

Die Leute rund um das Kreuz, um die Kreuzigung *des* Menschen: Jeder Mensch wird in seinem Leben gekreuzigt, in sehr verschiedenen Formen; er muß auch dies nicht wissen, was ihn dann – als Nichtwissen, als Nichtverstehen seiner Situation, oft schwer beschädigt. Vom Wissen um die Kreuzigung, um die Kreuzigung der eigenen Person in ihrem Leben hängt also sehr, sehr viel ab für ihr Selbstverständnis, für ihr Reagieren auf ihre Kreuzigungen: Die Leute also rund um die Kreuzigung des Menschen, dieser Menschenkinder da auf der Straße, dieses Mädchens, dieser Frau, dieses jungen Mannes, dieses sogenannten Kriminellen, dieses unglücklichen Spießbürgers, der, ohne es einzusehen, schwer am Spieß seines Lebens trägt, die Leute also verhöhnen, verspotten ihn, den Menschen: besonders höhnen ihn, den Menschen, „die Räuber". Als Räuber, Räuber unseres Lebens, sind heute nicht nur hitler-förmige unselige Kreaturen, öffentliche Herumsteher in Kirche und anderen Großorganisationen, als Chefs, als Vorgesetzte, als Konkurrenten, als Genossen, also als Glaubensgenossen zu erleben: Diese Räuber, die im Gebet dieser Äußerungen des Matthäusevangeliums genannt werden, umgeben uns täglich. Sie haben, was wir oft übersehen, intime Bundesgenossen in uns selbst: in der Zitadelle, in der Festung unseres Ich als Selbstbehauptungszentrum: Sie, auch sie, sind uns näher als die Schlagader unseres Halses: Sie sind, in uns selbst, präsent als ständige Anfechtung: Laß das doch! Das alles hat ja keinen Sinn. Du bist kein Menschensohn, kein Gottsohn, du bist ein armer Teufel, bestenfalls, und sonst nichts.

Von der sechsten bis zur neunten Stunde lag auf dem ganzen Lande eine Finsternis: Ich erlebe, heute, besonders in den Abend- und Nachtstunden, relativ ruhig die Finsternisse meines Lebens: erinnere sie, erinnere sie aber, und dies scheint mir für eine Gebetserfahrung dieser Matthäusworte wichtig, im Gesamt der Stunden der Finsternisse der Menschheit, konkret der Menschen in meinem Lande, in Deutschland auch, in Europa und andernorts. Finsternisse, von denen täglich nicht nur Fernsehen und Zeitungen, sondern auch sehr spürbare Beben – Erdbeben, durch Menschen übermittelt – mir melden. Soll ich verzweifeln, weil ich inmitten dieser Gottesbeben, Menschenbeben, inmitten dieser augenscheinlichen Gottesfinsternis, Menschenfinsternis lebe?

Ja, ich verzweifle momentan. Da also, in diesem Moment, der Aufschrei: *Mein Gott, mein Gott, warum hast du mich verlassen?* – Dies ist *das Stichwort*, die laute Anzeige: Jetzt ist es Zeit, ins Allerheiligste, ins Allerdunkelste, ganz Unsichere einzutreten. Sich, also mich, ganz hinzugeben – in letztem Widerstand, in letzter Hingabe. Dies ist Sinn meiner Gebete! In dieser letzten Öffnung, in dieser Vorbildung der letzten Öffnung, in dieser Einübung in die letzte Öffnung meiner leibseelischen Existenz auf dem blauen Planeten Erde, verschmelzen – in der Leidenschaft meines Herzens, in der Frömmigkeit meiner Vernunft – letzte Empörung, letzter Aufschrei, letzter Fluch – und letzte Erfahrung von Gnade. Also kehre ich, sterbend, im Gebet meiner frühen Kindheit ein. Gott sei Dank, den Menschen sei Dank, die mir so viel geholfen haben, so weit zu kommen. Es ist wohl nicht weit genug – es ist aber ein schönes Stück Weg meines Lebens: Ohne Gebete wäre ich nicht so weit gekommen.

Erstes und letztes Werk

Wenn ich fühle, daß ich durch fremde Geschäfte oder Gedanken kalt und ohne Lust zu beten geworden bin, wie denn das Fleisch und der Teufel stets das Gebet abwehren und hindern, nehme ich mein Psälterlein, laufe in die Kammer oder, wenn's die Zeit ist, in die Kirche zu den Leuten und fange an, die zehn Gebote, das Glaubensbekenntnis und, je nachdem wie ich Zeit habe, etliche Sprüche Christi, des Paulus oder der Psalmen mündlich für mich selbst zu sprechen, ganz wie die Kinder tun.

Darum ist's gut, daß man das Gebet morgens früh das erste und abends das letzte Werk sein lasse. Und man hüte sich mit Fleiß vor diesen falschen, betrügerischen Gedanken, die sagen: Warte ein wenig, in einer Stunde will ich beten; ich muß dies oder jenes zuvor erledigen. Denn mit solchen Gedanken kommt man vom Gebet in die Geschäfte, die einen dann halten und umfangen.

Wohl können etliche Werke vorkommen, die ebenso gut oder besser als das Gebet sind, besonders wenn sie die Not fordert. Wer treu arbeitet, der betet zwiefach. Das muß aus diesem Grunde gesagt sein, daß ein gläubiger Mensch in seiner Arbeit Gott fürchtet und ehrt und an sein Gebot denkt, damit er niemandem Unrecht tun noch ihn bestehlen oder übervorteilen oder ihm etwas veruntreuen möge. Solch Glaube macht ohne Zweifel aus seinem Werk ein Gebet und ein Lobopfer dazu.

Martin Luther

WLADIMIR LINDENBERG

Sich ganz anvertrauen und selbst zur Verantwortung erwachsen

Am zweiten Oktober gedenkt die Kirche der Schutzengel. Schutzengel sind die Genien, die jedem Menschen als unsichtbare Begleiter und Beschützer zugeordnet sind. Diese Vorstellung ist nicht mit dem Christentum in die Welt gekommen und auch nicht genuin alttestamentlich. Offenbar ist sie eng mit dem Menschsein gekoppelt. Soweit wir den Menschen als denkendes Wesen in seiner Geschichte verfolgen können, treffen wir auch auf die guten helfenden Genien, die ihm zur Seite stehen.

Es ist eine tröstliche Vorstellung, daß der Mensch von Gott so viel Wertschätzung erfährt, daß er ihm diese Begleitung gewährt. Allerdings ist es nicht nur der Mensch, dem ein Schutzgeist zugeordnet wird: In der Welt der Primitiven und in der Welt der Antike ist alles Sein beseelt, jede Pflanze, jeder Stein, Baum und Strauch und natürlich auch jedes Tier hat seinen Genius. Der Mensch bewegt sich auf sakralem Boden. Hinter jedem Gegenstand steht eine Gottheit. Solche Haltung wird von der Ehrfurcht bestimmt, Ehrfurcht vor Gott, vor den hierarchischen Mächten, vor den Kreaturen, vor dem Leben insgesamt. In dieser Ehrfurcht sind die Elemente des Betens enthalten: Bewunderung, Liebe, Hingabe, Demut.

In früheren Jahrhunderten gab es ein deutliches Wechselverhältnis zwischen dem Menschen und den Dingen seines Alltags. Eines diente dem anderen. Der Mensch versah die Elemente seiner Behausung und Stallung, seine Kleidung, seine Waffen und Geräte, seinen Schmuck mit Zeichen und heiligen Symbolen. Er hob sie aus dem Zustand des Nur-Gegenstands in den Bereich des Sakralen. So wurde alles Sein und alle Dinge transzendiert. In meiner östlichen Kirche gibt es seit tausend Jahren ungebrochen die Übung des immerwährenden Herzensgebets, das bei den Mönchen des Athos seinen Anfang nahm. Man lernte beten, bei jeder Tätigkeit, in Bewegung und in Ruhe. Und schließlich betete es in einem. In der asiatischen Welt ist diese immerwährende Gebetsübung, diese Heiligung des ganzen Lebens als Mantram bekannt.

Der Mensch ist ein vielschichtiges Wesen. Er ist zu großen Abstraktionen fähig, aber ebenso gern klebt er auch an der Vorstellung des Konkreten, des Gegenständlichen. Es steht ihm frei, seine Gedanken an Gott, den Allmächtigen, den Unsichtbaren zu heften. Er kann sich an Christus wenden, der ihm vielleicht menschlich näher sein wird. Oder an die Muttergottes, die Vertreterin der nahen Vertrautheit der Mütter, oder an Heilige. Meine Erfahrung ist: Ganz nahe steht der Schutzengel dem Menschen, dessen Obhut er anvertraut worden ist.

Das Wort „Angelos“ wird bei uns als „Engel“ übersetzt und verstanden. „Angelos“ aber bedeutet „Bote“: einer, der im Auftrag eines anderen handelt. Im alten Wörterbuch von *Benseler* und *Rost* wird es noch anders interpretiert: als „ein Wesen, das zwischen zweien steht“, ein Mittler also, der zwischen Gott und Mensch steht.

Das erste Gebet, das wir Kinder noch vor dem „Vater unser“ zu beten lernten, war das Gebet zum Schutzengel:

Heiliger Schutzengel, mein Behüter, bitte Gott für mich. Immer wachender Beschützer meiner Seele und Bewahrer meines Leibes und Vermittler zu Gott, ich lobpreise dich,

Engel Gottes, des Allerhalters. In der dunklen Nacht behütest du mich, und in der Finsternis meiner Sünden und Begierden. Erleuchte mich mit deinem Licht, du Lehrer und Vorbild und Beschützer.

Dieses Gebet ist für mich fast so alt wie ich, aber es ist nicht verschlissen worden. Ich werde nie müde, mich seinem Schutz anheimzustellen. Das Aussprechen dieser Bitten erscheint mir zutiefst menschlich. Auch mit den Menschen, mit denen wir zusammenleben, die wir genau zu kennen glauben, sprechen wir ja, wir begrüßen sie an jedem Morgen und stellen Fragen und sprechen Wünsche aus.

Wenn ich in der uralten Symbolik von Haltung und Gebärde dieses Gebet spreche, hat dies durchaus tiefen Sinn. Wir sind alle in diese Welt hineingestellt in Verhaltensmuster, in uralte Konventionen, geprägt von Formen bis in den Alltag hinein. Wir lernen diese Symbole deuten, ehe wir das Alphabet lernen. Das hilft und befähigt uns überhaupt erst, mit unserer Welt, der sichtbaren und der unsichtbaren, in Beziehung zu treten. Im Verkehr mit Gott und den himmlischen Mächten gibt es die wichtige ökumenische Form, die der All-Gemeinheit, der Gemeinde im Rahmen der Kirche und der Liturgie und der realisierten Erinnerung an religiöse Ereignisse aus alter und uralter Zeit. Der gläubige Mensch lebt nicht nur sein Alltagsleben, er ist mit Gesinnung, Stimmung und Leiblichkeit eingespannt in die Freuden und Traurigkeiten der Feste, in die Askese der Fasten und freiwillig auferlegten Entbehrungen und die Fülle der leiblichen Labsale zu Weihnachten, Ostern, Karneval. Dort ist er ein Glied der gläubigen und tätigen Gemeinde. In diesem breiten und farbigen Strom weiß er sich von den unsichtbaren Mächten getragen und beschützt.

Es gibt aber neben diesem generellen Hineingestelltsein in die uralten Traditionen des Glaubens noch einen anderen sakralen Bereich. Und das ist die ganz persönliche Zuwendung zu Gott und seinen Engeln, eine ganz direkte Beziehung, das ist das persönliche Gebet. Ihm sind weder zeitliche noch räumliche, noch Grenzen vorgeprägter Formen gesetzt. Die Menschen besitzen seit Urzeiten die herrlichsten und tiefsten Gebete, und sie besitzen die Gnade, sich Gott im heiligen Gefährt eines Gebets, das vor Hunderten oder Tausenden von Jahren ein Heiliger zu Gott sprach, nähern zu können.

Aber in der persönlichen Beziehung zu Gott hat man alle Freiheiten, sein Gebet selbst zu gestalten. Manchmal genügt ein Seufzer, manchmal auch ein bloßer Aufschrei. Gott versteht alle Sprachen: Als beim Durchzug durch das Rote Meer die Wellen über den Israeliten zusammenschlugen, so wird berichtet, seufzte Nochum ben Aminadab und sprach: „Herr, hilf mir, die Wellen sind über mir." Er schrie nicht, er sprach ganz leise. Und sein Glaube war so groß, daß er errettet wurde.

Das Wort „Beten" bedeutet im Alten Testament: „zwischen zweien sein". Es ist also ein Bogen, der gespannt wird zwischen dem Beter und Gott, oder eine Brücke. Durch das Gebet wird etwas Konkretes aufgebaut, das zwei Pole verbindet. Der seelenlose Materialismus hat so weit von uns Besitz ergriffen, daß wir die Mächtigkeit des Gedankens nicht einmal mehr ahnen, obwohl uns bewußt sein sollte, daß auch die materielle Welt von Gedanken regiert wird, daß jede Erfindung, jede Technik ein Kind des Gedankens ist. Die Urerfahrung von der Mächtigkeit der Gedanken sitzt tief im Menschen. Wie belastend etwa sind Feindschaften. Wie belastend sind schlechte, böse, aggressive Gedanken. Der Mensch ist aufgerufen, das Böse in Gutes zu verwandeln, und wenn er die rechte Gesinnung hat, hat er auch die Macht dazu. Man kann für seine Feinde beten. Das ist, wie mich die Erfahrung gelehrt hat, eine wirksame Waffe des Guten.

In meiner russischen Heimat war es Sitte, daß, wenn Verwandte oder Freunde sich verabschiedeten, sie einem das Zeichen des Kreuzes auf die Stirn gaben und baten: „Bete für mich." Dieses Beten für die anderen, die Freunde und die Feinde, die Kranken und Bedrängten, die Reisenden und die Bekümmerten, das ist eine große tragende Kraft. Wer sich in solchem Beten übt, der weiß, daß es eine gnadenvolle Zeit ist. Sich nicht mehr auf sich selbst und seine eigenen winzigen Belange zu fixieren, um das Wohl und Heil der anderen zu beten, das hilft heil werden – auch dem Beter selber. Seine Seele wird stark und klar und rein, und diese Klarheit strahlt aus.

Teilhard de Chardin, der große Paläontologe, zeichnet ein eindrucksvolles Bild vom Weg des Menschen. Er sei in seinem Sein und seiner Entwicklung eingespannt zwischen Engel und Tier. Er sieht die Entwicklung über Millionen von Jahren, wie sich der Mensch langsam, mit Rückfällen und auf Umwegen, immer weiter zum Engel hin entwikkelt. Legt man Eisenspäne auf eine Platte und schiebt man einen Magnet darunter, erlebt man, wie die Späne sich zentrisch auf den Magnet hinordnen. In uns allen ist solch ein unsichtbarer Magnet, es ist das Gesetz, ohne das es keine Religion gäbe. Es ist das Gewissen von Gut und Böse und der Imperativ, gegen den wir am meisten verstoßen: gut und heilig zu werden zu Gottes Ehre.

Der Mensch der, nicht nur gelegentlich, in Zeiten der Not oder der akuten Gefahr, betet, dem das Beten eine selbstverständliche Übung im Ablauf des Tages bedeutet, der übt sich im Menschsein. Ohne daß er dessen bewußt wird, fallen Aggressionen, Neid, Mißgunst, Empfindlichkeit, Mißtrauen, Zorn, das Böse von ihm ab. Er wird wesentlich. Und noch etwas: Er wird weniger selbstsüchtig. Ganz von allein wenden sich seine Gedanken der Mit- und Umwelt zu, und er wird im zunehmenden Maße verantwortlich.

In der Bibel lesen wir: „Gott fragt Kain: ‚Kain, wo ist dein Bruder Abel?'" Als Junge ließ ich mir gerne die biblischen Geschehnisse erzählen oder vorlesen. Mit meinem dummen Verstand war ich oft entsetzt. Wenn Gott doch alles weiß und alles sieht, warum fragt er denn den Kain? – Gott weiß es. Aber Kain, der im Affekt des Neids und der Mißgunst seinen Bruder Abel erschlug, der bedurfte dieser Frage, um zu sich, zu seiner Verantwortung zu kommen.

So fragt Gott jeden von uns mehrmals am Tage: „Kain, wo ist dein Bruder, wo ist dein Sohn, wo ist deine Tochter, wo ist deine Mutter, wo ist dein Freund, wo ist deine Angestellte?" Aber wir verschließen uns: Was geht das uns an?! Und doch kann es geschehen, irgendwann, daß diese leise Stimme unser Bewußtsein erreicht. Dann werden wir verwandelt, dann beginnen wir zu antworten auf Gottes Frage, wir besinnen uns und beginnen ein Sein in der Verantwortung. Damit übernehmen wir als Mensch die Funktion des Schutzengels. Wir handeln im höheren Auftrag. Unsere Sinne werden für eine andere als die bloß sinnliche Ordnung geöffnet, und wir erkennen: was vorher als Zu-Fall erschien, wird zur Fügung.

Nach dem Sündenfall hatte Gott Adam gefragt: „Adam, wo bist du?" Diese Frage stellt er an jeden von uns, täglich, in unserem Alltag. „Wo stehst du in deiner Entwicklung, deiner Gesinnung, deiner Verantwortung, deiner Fürsorge und deiner Liebesfähigkeit?"

Im Gebet, in der Stille und der Besinnung reifen die schönsten Früchte in der Seele des Menschen. Die Welt öffnet sich in ihrer Schönheit und ihrem Sinn vor dem erwachten inneren Auge. Der Beter wird gelassen, heiter und froh und liebend, und er begreift den tiefen Sinn des östlichen Gebets um die innere Freude:

Erfüller alles Guten bist du, mein Christe,
erfülle mit Freude und Heiterkeit meine Seele,
du einzig Vielerbarmender!

Indem wir uns ganz dem Geist der Engel und dem Schutz Gottes überantworten, bleiben wir nicht infantil, im Gegenteil: erst so erwachsen wir zur Verantwortung für andere. Der Geist eines solchen Betens ist auch nicht bloß auf archaische Welten und magische Weltbilder beschränkt. Er öffnet den Vorhang des Sinns auch vor der scheinbar entzauberten Kulisse technischer Requisiten. Lassen wir uns von der Weisheit des Rabbi von Sadagora anstecken: „Von allem vermag man zu lernen, alles vermag uns zu lehren. Nicht bloß alles, was Gott geschaffen hat, auch alles, was der Mensch geschaffen hat, vermag uns zu lehren." „Was können wir denn", fragte ein Chassid zweifelnd, „von der Eisenbahn lernen?" – „Daß man um eines Augenblicks willen alles versäumen kann." „Und vom Telegrafen?" – „Daß jedes Wort gezählt und angerechnet wird." – „Und vom Telefon?" – „Daß man dort hört, was wir hier reden."

Offensives und defensives Gebet

Die katholische Fußballmannschaft war unterwegs zu einem wichtigen Spiel. Ein Reporter stieg in den Zug und fragte nach dem Trainer.

„Wie ich gehört habe“, sagte der Reporter, „haben Sie einen Kaplan dabei, der für den Erfolg der Mannschaft betet. Würden Sie mich ihm bitte vorstellen?“

„Es wäre mir ein Vergnügen“, antwortete der Trainer, „welchen möchten Sie sprechen, den Angriffs- oder den Verteidigungskaplan?“

Anthony de Mello

EDUARD LOHSE

In der Nacht des Lebens auf das Licht der Gnade hoffen

Jetzt hilft nur noch Beten – in diesen Seufzer brach ein Fußballfan aus, als sein vom Abstieg bedrohter Verein hoffnungslos ins Hintertreffen geraten war. Nun können wir nur noch beten – so sagte leise ein von Trauer und Kummer gebeugter Vater, der im Krankenhaus vom Arzt die Nachricht erhielt, sein schwer verunglückter Sohn liege auf der Intensivstation und die Kunst der Ärzte sei am Ende. Beten – hilft es denn? Kann es wie ein Wundermittel wirken, als Zauber einen Bann lösen und entgegen aller Hoffnung doch noch eine Wende zum Guten herbeiführen?

Die Fragen sind nicht einfach zu beantworten. Zaubersprüche sind Worte des Gebetes gewiß nicht. Aber sie reichen in eine Tiefenschicht menschlichen Lebens hinein, in die andere Worte schwerlich hineingelangen – wenn man wirklich etwas davon weiß, was das ist: Beten. Denn Beten will gründlich bedacht, geübt und erprobt sein – in guten Tagen, damit es in schweren Stunden da ist und dann nicht versagt.

Beten – wie macht man das? Wir sind nicht die ersten, die heute so fragen. Vor uns haben Menschen zu allen Zeiten darum gerungen, Worte des Gebetes zu finden, um die Wand eines rätselhaften Schicksals zu durchdringen, wieder Vertrauen zu fassen, eine Antwort auf ihr Rufen zu vernehmen und Trost zu finden. Mir sind ihre Worte eine große Hilfe, weil ich oft so schwer selbst Worte zu finden weiß, wenn ich beten möchte. Ich blättere darum gern im Gesangbuch, präge mir diesen oder jenen Vers ein und merke mir seine Sätze, damit sie als meine Worte da sind, wenn ich sie brauche. Und deshalb lese ich immer wieder in den Psalmen der Bibel. Denn dort haben die Beter des alten Israel Freude und Leid, Jubel und Trauer ihres Lebens ausgesprochen, indem sie zu Gott riefen, ihn Schöpfer und Herr, Retter und Vater nannten. Einer dieser Psalmen ist mir besonders wichtig, ich habe schon oft über die Worte des 130. Psalms nachgedacht. Sie lauten:

Aus der Tiefe rufe ich, Herr, zu dir.
Herr, höre meine Stimme!
Laß deine Ohren merken
auf die Stimme meines Flehens!
Wenn du, Herr, Sünden anrechnen willst –
Herr, wer wird bestehen?
Denn bei dir ist die Vergebung,
daß man dich fürchte.

Ich harre des Herrn, meine Seele harret,
und ich hoffe auf sein Wort.
Meine Seele wartet auf den Herrn
mehr als die Wächter auf den Morgen;
mehr als die Wächter auf den Morgen
hoffe Israel auf den Herrn!
Denn bei dem Herrn ist die Gnade
und viel Erlösung bei ihm.
Und er wird Israel erlösen
aus allen seinen Sünden.

Diesen Psalm lesen wir bei jedem Begräbnis. Seine Worte haben sich mir besonders tief eingeprägt, als ich sie am Sarge meines Vorgängers im kirchlichen Amt, Landesbischof *Hanns Lilje,* sprach. Und sie haben mich immer wieder ermutigt und getröstet. Denn ich weiß, einmal werden sie auch über meinem Sarg gesagt werden. Ich wünsche mir, daß jemand sie mir in meiner letzten Stunde vorsprechen möchte – dann, wenn ich am Ende bin und selbst keine Worte mehr sprechen kann.

Der Beter weiß, wer er ist und wo er sich befindet: in der Tiefe, aus der er nicht herauszukommen vermag. Ich habe einmal erlebt, wie bei einer Hochgebirgswanderung eine Frau in eine Gletscherspalte gefallen war, ganz tief eingesunken. Nur durch die Hilfe der anderen, die sie am Seil herauszogen, konnte sie wieder hochkommen. Wenn wir ganz tief gefallen sind, wissen wir, wie schnell wir mit unserer Kunst am Ende sind. Nur einer – das ist dem Beter klargeworden – kann helfen: Herr, höre meine Stimme.

Nur, auch das ist klar: Ich habe nicht den allergeringsten Anspruch darauf, daß Gott die Stimme meines Flehens beachten müßte. Vielmehr kommt mir jetzt die wahre Lage, wie vom Schlaglicht eines Blitzes erleuchtet, voll zum Bewußtsein: Wenn du, Herr, Sünden anrechnen willst, Herr, wer wird bestehen? Sünde hin, Sünde her – ob uns das Wort gefällt oder nicht, wir es belächeln oder mit frommem Augenaufschlag aussprechen: Sie ist da, jene unheimliche Trennung von Gott, die ich selbst aufgebaut habe. Denke ich doch immer wieder, was ich alles kann, wie gut ich es gemeint habe, was für ein Kerl ich bin. Aber wenn es darauf ankommt, wenn Stürme wehen, dann ist alles wie weggeblasen.

Ich muß manchmal daran denken, wie es bei den Soldaten war. Bei der Besichtigung durch einen hohen und gestrengen Chef wollte keiner im ersten Glied stehen. Die dort standen, wurden besonders kritisch gemustert. Und wer wollte sich dem aussetzen? Die vorn standen, hatten

Pech gehabt. Im zweiten oder dritten Glied konnte man sich eher verbergen. Vor Gott – das weiß der Beter – kann keiner bestehen. Ihm macht keiner etwas vor, auch nicht die im hinteren Glied. Denn Gottes Auge bemerkt alles, seinem Ohr entgeht nichts. Darum: Machen wir uns doch nichts vor. Wenn er die Rechnung mit uns aufmachen will, wer kann bestehen? Niemand.

Martin Luther hat dieses Gebet in ein Lied gefaßt, das 1524 in einem der ersten reformatorischen Gesangbücher in Wittenberg veröffentlicht wurde. Wie ich den Psalm oft bedenke, so summe ich das Lied oft in Gedanken vor mich hin.

Aus tiefer Not schrei ich zu dir,
Herr Gott, erhör mein Rufen.
Dein gnädig Ohren kehr zu mir
und meiner Bitt sie öffne.
Denn so du willst das sehen an,
was Sünd und Unrecht ist getan,
wer kann, Herr, vor dir bleiben?

Also, sprechen wir doch ehrlich aus, wer wir sind und wie es mit uns steht. Der Beter macht sich keine Illusionen, aber er weiß, worauf es ankommt. Obwohl es fast so klingt, ganz verzweifelt ist er nicht – so sagt *Luther* einmal in einer Erklärung zu diesem Psalm. Denn dann hätte er das Gebet nicht geredet. Er hat ein offenes Fenster gesehen: Bei dir ist die Vergebung. Das ist es, darauf kommt es an. Mit Worten *Luthers* wird das so gesagt: Dieser Psalm ist einer der erlesensten und wichtigsten Psalmen, der den Hauptartikel unserer Lehre, die Rechtfertigung, behandelt. Dieser Artikel ist die Sonne, der Tag, das Licht der Kirche und aller Zuversicht. Was heißt das?

Wird Gebet erhört? Dringt das Rufen des Beters zu

Gott? Der Psalm gibt auf diese Fragen Antwort – freilich nicht so, daß er von einer zauberhaften Wirkung spräche, die sofort die Szene veränderte, die Tiefe zur Höhe verwandelte und das Leid zu Lachen werden ließe. Sondern der Beter begreift, worauf man sich in Kummer und Sorge wirklich verlassen kann: auf eine Zusage, die Gott gegeben hat und auf die er sich ansprechen läßt. Bei dir ist die Vergebung, daß man dich fürchte. Nicht eine Vergebung, die fünf gerade sein läßt. Nicht eine Vergebung, die sagt: Schwamm darüber. Sondern die Zusage, die einer gibt, der sich an unsere Seite stellt, einer von uns wird, die Tiefe erleidet wie ich – und sie überwindet. Als Christ kann ich diesen Psalm nur von der Botschaft her verstehen, die Christus gebracht hat, die er selbst ist: Gottes Vergebung, die Zusage, an die ich mich halten kann, um ihn fortan zu fürchten und zu lieben über alle Dinge.

Der Theologe *Karl Barth*, dem unsere Kirche in den Jahren des Dritten Reiches viel zu verdanken hatte, hat das im Blick auf unseren Psalm einmal so gesagt: An Gott glauben heißt – uns beugen, um seinen guten Willen über und mit uns unsere Zuversicht sein zu lassen. Das aber weiß ich, weil Christus unser Bruder geworden ist. Und es ist in der Tat so, daß der Beter niemals so verzweifelt ist, daß er nicht ein offenes Fenster sieht, durch das ein Lichtstrahl hereinfällt: Bei dir ist die Vergebung.

Von selbst versteht sich das nicht. Oft muß man lange warten, bis es wieder klar wird. Ich harre des Herrn – so heißt es in unserem Gebet – meine Seele harret, und ich hoffe auf sein Wort: daß das alte Wort wieder zur kraftvollen Anrede wird, die mich trifft, aufrichtet und mich meinen Weg weitergehen läßt. Es kann lange dauern, bis diese Erhörung mir zuteil wird: Meine Seele wartet auf den Herrn mehr als die Wächter auf den Morgen. Auf den Mauern einer alten israelitischen Stadt standen Wächter.

Sie hatten achtzugeben, daß keine Gefahr unbemerkt heranzieht, kein Feind unbeobachtet sich naht. Aber sie warteten auch darauf – wer Soldat war, kann ihnen das nachfühlen –, daß die langen Stunden der Wache endlich zu Ende gehen, daß es Tag wird und die Ablösung kommt. Warten – Wächter wissen, was das bedeutet. Aber einmal ist es endlich soweit, dann ist der Dienst zu Ende, gibt es Ruhe. Mehr, mehr als die Wächter auf den Morgen – so wiederholt der Beter – hoffe Israel auf den Herrn. Oder in den Worten von *Luthers* Lied:

Darum auf Gott will hoffen ich,
auf mein Verdienst nicht bauen;
auf ihn mein Herz soll lassen sich
und seiner Güte trauen,
die mir zusagt sein wertes Wort;
das ist mein Trost und treuer Hort,
des will ich allzeit harren.

Wer betet – das zeigt dieser Psalm am Schluß – ist nicht allein, bleibt nicht allein. Er sagt wie jener Beter der alten Worte: Ich – ich rufe zu dir, ich harre des Herrn. Aber er schließt: Israel hoffe auf den Herrn – er wird Israel erlösen aus allen seinen Sünden. Er gehört zu einer Gemeinschaft, zu Israel, Gottes Volk. Darin erfährt er, was Erlösung bedeutet: angenommen sein, wie ich bin, aus der Tiefe herausgeholt werden – hineingenommen in die Gemeinde, die betet und singt, die glaubt und hofft, die ihre Hände tätig rührt, so gut sie kann.

Warum ich bete – immer wieder anfange zu beten: Indem ich darüber nachdenke, habe ich auch erzählt, warum ich Christ bin, evangelischer Christ: Weil mir die Bibel gegeben ist, das Gesangbuch, *Luthers* Theologie und eines das andere erklärt, so verständlich macht, daß ich mittun kann: mitbeten, mitsingen. Wenn mir die Worte fehlen, dann haben die Bibel und das Gesangbuch Worte, die ich mitsprechen kann, den Psalm, den Choral. Ich kann es allein bei weitem nicht so gut. Aber ich kann den Psalm als mein Gebet lesen und *Luthers* Verse als mein Lied singen:

Bei dir gilt nichts denn Gnad und Gunst,
die Sünde zu vergeben.
Es ist doch unser Tun umsonst
auch in dem besten Leben.
Vor dir niemand sich rühmen kann.
Des muß dich fürchten jedermann
und deiner Gnade leben.

Leuchtturm

Das Gebet bietet eine Möglichkeit der Begegnung oder sogar eine Begegnung mit Gott und mit sich selbst; einen Augenblick der Gnade, der Hingabe, der Annahme, des Jasagens. Wenn die Kunst eine Art des Neinsagens ist, dann ist das Gebet eine andere Art, mit Ja zu antworten, Ja zur Schöpfung und seinem Schöpfer, Ja zum Leben und dem, was es in sich birgt, Ja zum Glauben und zur Hoffnung, die sich auf ihn beruft, Ja zur Freude, zur Brüderlichkeit; denn im Gebet sind wir alle gleich, sind wir Brüder. Ein Leuchtturm ist das Gebet für den Irrenden und den Träumer auf der Suche nach Träumen, Öffnung ist es für die Seele auf der Suche nach Schweigen oder Verzückung; das Gebet ist etwas, dessen der Mensch am meisten bedarf, um sich zu verwirklichen oder um über sich hinauszugelangen. Kompensation für die einen, Trost für die anderen, Sublimierung für wieder andere, bedeutet das Gebet in gleichem Maße belebende Kraft und Abenteuer. Aus dem berühmten Ausruf „Verlaßt euch demnach nicht auf Wunder, sondern rezitiert Psalmen!“ spricht viel mehr als nur der Humor eines verzweifelten Volkes. Wie das Studieren uns erlaubte zu leben, so erlaubte das Gebet uns zu hoffen.

Elie Wiesel

JAKOB J. PETUCHOWSKI

Den Herrn preisen für das Glück und die Wunder des Lebens

Ein chassidischer Meister fragte einmal seine Schüler: „Wo ist Gott?" Die Schüler wunderten sich über diese Frage. Daß Gott überall ist, weiß doch jeder! Auch der Rabbi mußte es wissen. Sie gaben daher die, wie sie meinten, erwartete Antwort. Doch der Rabbi wollte sie nicht gelten lassen. „Nein", sagte er, „Gott ist da, wo der Mensch ihn hereinläßt."

Philosophen und Theologen mögen die besten Beweise für die Existenz Gottes liefern. Es hilft doch alles nichts, wenn der Mensch selbst sich nicht dem Göttlichen gegenüber zugänglich macht, wenn er Gott nicht in sein eigenes Leben hereinläßt.

Das aber ist eben das Problem des modernen Menschen in seiner technologischen Welt, einer Welt, die sich selbst genügt, oder zu genügen scheint, und die sich, vielleicht zuerst sehr bewußt, aber inzwischen schon ganz automatisch und routinehaft, dem Göttlichen gegenüber verschließt.

Ein Beispiel: Seit Jahrtausenden spricht der fromme Jude vor dem Essen: „Gepriesen seist du, Ewiger, unser Gott, Weltenherr, der das Brot aus der Erde hervorbringt." Als ich vor Jahren einmal den Kindern in einer amerikanischen Religionsschule dieses kurze Gebet beibringen wollte, begann ich damit, die Kinder zu fragen: „Wo kommt denn eigentlich das Brot her?" Die Antwort war verblüffend. „Natürlich vom Super-Markt!" Ja, so kommt tatsächlich das Brot in den amerikanischen Haushalt – schön appetitlich und hygienisch in Cellophan verpackt, ein- oder zweimal in der Woche, zusammen mit anderen Lebensmitteln, vom Massenbetrieb des Super-Markts abgeholt. Daß sich zunächst Menschen mit dem Pflügen, Säen, Ernten, Mahlen und Backen bemüht und abgeplagt haben, das weiß das Kind in der Großstadt schon nicht mehr – geschweige denn, daß Bauer, Müller und Bäcker ihre Kraft und ihre Gesundheit, ja das Leben selbst, als Gabe Gottes erhalten haben, und daß Acker und Ernte auf Sonne und Regen angewiesen sind, die der Mensch nun gewiß nicht selbst produziert.

Dies nur ein kleines Beispiel dafür, daß die moderne Welt für ein Gefühl der „Abhängigkeit schlechthin" à la *Schleiermacher* nicht mehr viel übrig hat.

Erst in Zeiten der Not – in Krankheitsfällen, in der Hungersnot, im Krieg – wendet man sich wieder an Gott in einer Art von „Schützengrabenreligion", auf die man dann, nach überstandener Krise, lächelnd und psychologisierend herabblickt. Der Gott der „Schützengrabenreligion" ist ja auch nur ein *Deus ex machina.* Er ist nicht schwer zu finden; aber er ist auch leicht wieder zu verlieren. Denn in Zeiten der Üppigkeit erfüllt sich gewöhnlich, was der Autor vom 5. Buch Moses, im 8. Kapitel, Vers 17 vorausgesehen hat: Der Mensch sagt in seinem Herzen: „*Meine* Kräfte und *meiner* Hände Stärke haben mir dies Vermögen ausgerichtet." Er denkt nicht mehr daran, daß Gott es ist, der ihm die Kräfte zum Schaffen verliehen hat.

So entsteht dann der „gottlose" Mensch, wie er für unser Zeitalter typisch ist. Er bewältigt die Technik, er macht riesige Fortschritte in der Wissenschaft, er fliegt zum Mond und wieder zurück, vergrößert das Wohlfahrtssystem, organisiert die Gesellschaft – und leidet immer mehr unter dem schmerzlichen Gefühl des Alleinseins. Die Zeitungen warnen vor Bevölkerungsexplosion, und der Mensch der Massenbevölkerung ist allein, ganz allein. Glücklich ist er nicht.

Ganz anders sieht der Mensch in biblischer Sicht aus. Er ist nicht allein in der Welt. Auch Gott ist in der Welt. Daher kann der biblische Sänger im 139. Psalm zu Gott sagen:

Wohin soll ich gehen vor deinem Geiste, und wohin entfliehen vor deinem Antlitz? Wenn ich in den Himmel steige, dort bist du, und mach' ich die Unterwelt zum Lager, so bist du auch da. Nähme ich die Flügel der Morgenröte und bliebe am äußersten Meer, auch dort würde deine Hand mich führen und deine Rechte mich halten. Spräche ich: die Finsternis wird mich verdecken, so wird die Nacht licht um mich. Selbst die Finsternis verfinstert nicht vor dir. Die Nacht leuchtet wie der Tag; Finsternis ist wie das Licht.

Zugegeben: Dieses Bewußtsein von der Gegenwärtigkeit Gottes, dieses Gefühl, nicht allein dazustehen, ist nicht etwas Gegebenes, etwas der menschlichen Natur Anhaftendes. Nicht alle Menschen besitzen es – noch nicht einmal im Zeitalter der Bibel. Wie alles andere Kostbare, das dem Menschen das Leben verschönert, muß auch dieses Bewußtsein erarbeitet werden. „Gott ist da, wo der Mensch ihn hereinläßt." Oder, wie es schon im 22. Psalm, Vers 4, heißt: „Du, o Gott, bist heilig, der du auf Israels Preisungen thronst." Gott mag seinem Wesen, seiner theologischen Definition nach, heilig sein. Das könnte mir in meinem Leben ganz belanglos sein. Gottes Heiligkeit, ja, Gottes Dasein können mir nur etwas bedeuten, wenn ich sie aktiv in mein Leben einbeziehe. Das aber ist die Funktion der Preisung. Gott wird heilig und wirklich, wenn er auf unseren Preisungen thront. So wurde auch im alten rabbinischen Schrifttum einmal der gewagte Gedanke ausgesprochen, daß, bis zur Zeit Abrahams, Gott nur „der Gott des Himmels" war. Erst Abraham machte ihn zum „Gott des Himmels *und* der Erde" (*Siphré*, Deuteronomium, *pisqa* 313).

Meir, ein Rabbi des zweiten Jahrhunderts der gewöhnlichen Zeitrechnung, sprach den Gedanken aus, daß der Mensch hundertmal am Tage Gott preisen solle; und in der Tat schuf die jüdische Tradition die *Berakhah*, die kurze Formel der Preisung, die es einem ermöglicht, Gott täglich vielmal in sein Leben hereinzulassen. Mit den Worten „Gepriesen seist du, Ewiger, unser Gott, Weltenherr" beginnt sie, und nimmt dann auf den gegebenen Anlaß Bezug. Anlaß kann das Essen oder das Trinken sein, der Anblick des Sonnenaufgangs und des Sonnenuntergangs, das Hören vom Donner und das Sehen des Blitzes, das Anziehen eines neuen Kleides und das Wiedersehen, nach einem Jahre oder länger, mit einem Freund.

Sieht man die ersten Knospen im Frühling, so spricht man: „Gepriesen seist du, Ewiger, unser Gott, Weltenherr, der du nichts hast fehlen lassen in deiner Welt und in ihr gute Geschöpfe und Bäume erschaffen hast, damit die Menschen zu erquicken." Beim Anblick des Ozeans spricht man: „Gepriesen seist du, Ewiger, unser Gott, Weltenherr, der du das große Meer erschaffen." Ißt man eine Frucht zum erstenmal im Jahr, preist man Gott: „der du uns am Leben erhalten hast, um diese Zeit zu erreichen". Und sieht man einen weltberühmten Gelehrten, selbst wenn er einer anderen religiösen Konfession angehört, spricht man: „Gepriesen seist du, Ewiger, unser Gott, Weltenherr, der du von deiner Weisheit Fleisch und Blut mitgeteilt hast."

Ja, es gibt keinen körperlichen oder geistigen Genuß,

der nicht dazu dienen kann, uns Gott zu vergegenwärtigen. Es sind alles Gelegenheiten, Gott in unser Leben hereinzulassen. Hier handelt es sich nicht um Bittgebete, um Schreie aus der Not. Im Gegenteil, es geht gerade darum, des Göttlichen gewahr zu werden in *den* Lebenslagen, in denen wir den Gott der Schützengrabenreligion gar nicht brauchen. Allerdings würde das bedeuten, daß wir der Welt des Alltags, trotz unserer Gewohnheit und trotz unseres vermeintlichen Allwissens, wieder mit Bewunderung und Staunen gegenübertreten, daß wir das Wunder des Lebens und der Natur wieder anerkennen und daß wir unsere Abhängigkeit von Gott offen eingestehen.

Unbewußt machen das viele von uns sowieso schon. Wie oft würzen wir unsere Rede, auch wenn wir uns nicht gerade als „religiös" bezeichnen, mit einem „Gott Lob" oder „Gott sei Dank!" Man könnte beinahe sagen, daß es im Wesen des Menschen liegt, Gott zu preisen. Selbst der bewußt atheistische Student, wenn er sich nicht sehr vorsieht, überrascht uns manchmal mit Sätzen wie: „Ich habe Gott sei Dank meine Prüfung bestanden."

Was aber der gewöhnliche Mensch unbewußt tut, das versucht die Religion in unser volles Bewußtsein zu heben und ihm erhabene Worte zu verleihen. Nicht etwa, weil Gott unsere Preisungen braucht. Er braucht sie nicht; und der Wortschatz des Menschen reicht auch gar nicht aus, Preisungen zu dichten, die Gott völlig angemessen wären. Nicht deshalb, also, will uns die Religion zur Preisung Gottes anleiten, sondern darum, daß wir wieder wirkliche Menschen werden, Menschen, die wissen, daß sie in einer depersonalisierten Welt nicht allein da sind, Menschen, die den Gott, der sich in unserem Zeitalter verborgen hat, in ihr Leben einladen und in ihr Leben hereinlassen. Gott kann *uns* wieder heilig werden, wenn er auf unseren Preisungen thront.

Im täglichen Morgengebet verwendet der Jude verschiedene Psalmen. Natürlich kann man die Psalmen als reine Literatur lesen – ohne sich mit ihren Anliegen persönlich zu identifizieren. Wie unterscheidet man nun zwischen einfachem Psalmen*lesen* und dem Gebrauch der Psalmen als Lobpreisung Gottes? In der jüdischen Liturgie wurde das Problem dadurch gelöst, daß man den täglichen Psalmen eine besondere Preisung voranstellte, das *Baruch Sche-amar*. Der Text dieser Preisung, spätestens im 9. Jahrhundert verfaßt, möge unsere Darstellung beschließen:

Gepriesen sei der, der da sprach – und die Welt ward;
der Schöpfer des Weltalls sei gepriesen.
Gepriesen sei, dessen Wort ist Tat,
dessen Beschließen ist Vollführen.
Gepriesen sei, der sich seiner Welt erbarmt.
Gepriesen sei, der sich seiner Geschöpfe erbarmt.
Gepriesen sei, der erlöst und errettet,
gepriesen sei sein Name.
Gepriesen seist du, Ewiger, unser Gott, Weltenherr.
Du bist der Allmächtige und der erbarmende Vater.
Dein Lob erschallt aus dem Mund deines Volks,
dein Ruhm und Preis wird von deinen frommen Dienern gesungen.
Mit den Liedern deines Dieners David
wollen auch wir dich besingen, Ewiger, unser Gott,
mit Lobgesängen und Psalmen deine Größe künden
und dir huldigen, unser König, unser Gott,
du einziger, ewigseiender König.
Dein großer Name werde gerühmt und verherrlicht für und für.
Gepriesen seist du, Ewiger, König,
gefeiert in Lobgesängen.

Groß und hoch zu preisen

Preisen will Dich der Mensch, ein kümmerlicher Abriß Deiner Schöpfung, der Mensch, der herumschleppt sein Sterbewesen, herumschleppt das Zeugnis seiner Sünde und das Zeugnis, daß Du „den Hochfährigen widerstehst“. Und dennoch preisen will Dich der Mensch, ein kümmerlicher Abriß Deiner Schöpfung.

Du selber reizest an, daß Dich zu preisen Freude ist; denn geschaffen hast Du uns zu Dir, und ruhelos ist unser Herz, bis daß es seine Ruhe hat in Dir.

Laß mich, Herr, es wissen und erkennen, was früher sei: ob Dich anrufen oder Dich preisen; ob Dich kennen oder Dich anrufen früher sei! Aber wer riefe Dich, ohne von Dir zu wissen? Er möchte ja, so Wissens ohne, ein andres für das Rechte rufen. Oder ruft man zu Dir, auf daß man Dich wisse? Aber „wie sollen sie ihn anrufen, an den sie nicht glauben? Oder wie sollen sie glauben, wenn keiner ihn verkündigt?“ „Und preisen werden den Herrn, die ihn auch nur suchen.“ Denn wer ihn sucht, wird ihn finden, und wer ihn findet, wird ihn preisen.

Ich will Dich suchen, Herr, mit meinem Rufen, und ich will Dich rufen, indem ich an Dich glaube; denn verkündigt worden bist Du uns. Herr, es ruft Dich mein Glaube, der Glaube, den Du mir gegeben, den Du mir eingegeben hast durch das Menschsein Deines Sohnes, durch das Amt Deines Predigers.“

Augustinus

JOSEPH RATZINGER

Das „Vater unser" sagen dürfen

Vielleicht erinnern Sie sich, daß in den 50er Jahren allenthalben ein Drama von *Samuel Beckett* Aufsehen erregte: Warten auf Godot. Das ganze Werk *Becketts,* das damit sich seinen Weg auch in Deutschland bahnte, ist ein bestürzender Ausdruck für die Verzweiflung des modernen Menschen – ein Nihilismus ohne Ausweg. Die Ursünde ist es für *Beckett,* geboren zu sein; seine Werke sind Protest gegen das Sein. Der Dichter zeigt den Menschen in der Auflösung seiner selbst. Das Ich gibt es eigentlich gar nicht, sondern nur eine Abfolge von Zuständen. Deshalb verschwindet auch der aufrechte Gang: Menschen leben in Mülltonnen und zeigen damit den Menschen als Müll. Wenn man *Becketts* Schaffen kennt, muß es um so aufregender erscheinen, den Kommentar zu hören, den ein *Beckett* sehr nahe stehender Dichter, *Eugène Ionesco,* inzwischen dazu gegeben hat. In einem Interview mit einem Priester sagte er Ende 1975: „Das Werk Samuel Becketts ist eine unaufhörliche Anrufung Gottes, genau gesagt ein SOS ... Eines der wichtigsten Bücher Becketts heißt *Der Unnennbare.* Der Unnennbare ist Gott ... Gott ist da. Gott ist! Er existiert nicht, er ist. Er existiert durch Jesus Christus."

Eine unaufhörliche Anrufung Gottes ... *Beckett* hatte in seinem letzten Roman die menschliche Lage geschildert als „Wanderung von Schlammwürmern", getrennt durch riesige Zwischenräume, „allein im Dreck, ja, im Dunkel". Aber dem folgt mit innerer Logik das „Gebrüll", in dem der Wunsch aufbricht „nach etwas Übergeordnetem, das Liebe hätte". Aus dem Abgrund der letzten Not des von Gott weggelaufenen Menschen bricht hier der verzweifelte Schrei nach Gott wieder hervor, auch wenn er immer wieder versickert in der Angst, ohne Antwort zu bleiben. Es ist die Geschichte vom verlorenen Sohn, in die Realität unseres Jahrhunderts übersetzt: Der Mensch, der mit seiner falschen Freiheit zum letzten Knecht, zum Schweinehirten abgesunken ist und noch die Schweine beneiden muß, entsinnt sich des Vaters und fängt an, Sätze zu üben, die er dem Vater sagen könnte. Er sucht die Sprache des Sohnes wieder, und eben damit ist er auf dem Weg zurück, der in Wahrheit der Weg nach vorwärts ist.

Wie der verlorene Sohn, so haben wir in der Neuzeit unser Kapital, die Welt, selbst an uns gerissen. Wir haben dem Vater den Rücken gekehrt, ihn zu vergessen gesucht, ihn schließlich nur noch mit der Fabel vom Ödipuskomplex als das gefährliche Über-Ich gewußt, das unsere Freiheit bedroht, von dem wir uns folglich freimachen müssen. Daß Beten unsinnig sei, konnten wir uns schließlich sogar wissenschaftlich beweisen: Gott hat ja gar keine Macht, in die Welt einzuwirken. Ihre Gesetze, so dachten wir, kennen wir mittlerweile so vollständig, daß da ein Platz für ihn überhaupt nicht mehr bleibt. Und warum sollten wir dann noch fromme Worte machen, wenn sie leer ins leere Nichts hinausgesprochen sind? Solange der verlorene Sohn in Saus und Braus lebte, solange das vom Vater mitgebrachte Kapital reichte, hat er gewiß keine Anreden an den Vater geübt. Erst als er anfing zu merken, daß er ein Verlorener war, begann er stehenzubleiben und schließlich umzukehren, indem er anfing, mit dem Vater zu sprechen. Solange es aussah, als ob wir alle Macht über die Welt hätten, solange störte eine göttliche Macht nur – es durfte sie gar nicht geben. Wir merkten nicht, wie wir Schritt um Schritt in den Mülleimer hinuntersanken, den aufrechten Gang verloren, den Zusammenhang des Ich, bis es immer dunkler wurde um uns.

Der Mensch ohne Gott verkümmert. Aber er ist ohne Gott, wenn er Gott nicht mehr anreden kann. Deswegen ist Beten nicht ein Privatsport schwacher Seelen, der dann diejenigen nichts anzugehen bräuchte, die solche Zuflucht nicht nötig haben. Beim Beten geht es durchaus um etwas, was die Zukunft des Menschen, die Menschlichkeit des Menschen überhaupt betrifft. Denn wenn der Mensch sich selbst nicht mehr überschreitet auf Gott hin, dann wird er anders, enger und kleiner. Dann verkümmern wesentliche Organe in ihm. Er wird seelisch gröber und undifferenzierter. Und schließlich kann er auch den anderen, ja, sich selbst nicht mehr lieben. „Menschen kann man nur lieben, wenn sie Gott in sich tragen", hat *Jonesco* in dem vorhin erwähnten Interview gesagt. Wenn man nicht in allen Ärgerlichkeiten immer noch weiß, daß der Mensch Gott in sich trägt, wird man schnell zu dem Urteil kommen, dieses Geschöpf Mensch sei eigentlich das grausamste aller Tiere, und man wird dabei unvermerkt selbst grausam werden. Wenn wir nicht Gott im anderen erkennen, dann können wir nur abwägen zwischen dem Negativen und dem Positiven, das wir von Menschen her erfahren, und dann werden wir alsbald das Übergewicht beim Negativen finden. Nur wenn wir Gott im anderen durch alle Brüchigkeiten hindurch sehen, können wir Menschen bleiben. Aber wie sollen wir Gott sehen, wenn wir ihn nicht kennen? Und wie ihn kennen, wenn es keinen Kontakt zwischen uns und ihm gibt, wenn wir verlernt haben, mit ihm zu sprechen?

Kommen wir zum Praktischen. Der verlorene Sohn ging vorwärts und aufwärts, als er anfing, wieder an den

Vater zu denken; als er anfing, ihn wenigstens in Gedanken wieder anzureden. Genau dies müßten wir heute tun: das Reden zu Ihm wieder einüben, über alle Sprachkenntnisse hinaus die höchste Möglichkeit der Sprache wieder erlernen, das Sprechen mit Gott. Dazu wird gehören, daß wir ganz formlos unsere Wahrheit vor Gott hinstellen, wie es *Charles de Foucauld* getan hat, der vor seiner Bekehrung oft ein seltsames Gebet sprach: „Mein Gott, wenn es dich gibt, laß mich dich erkennen." Dazu wird aber auch gehören, daß wir uns von den geformten Gebeten der Christenheit führen lassen, so wie das Kind im Mitsprechen mit der Mutter das eigene Sprechen erlernt. Ich möchte hier nur *ein* Gebetswort auslegen, das mir vor allen anderen lieb ist, weil es mir der innere Grund und die innere Mitte aller möglichen Gebete überhaupt zu sein scheint – ich meine die Anrede *Vater unser,* von der alles weitere Beten ausgeht und getragen wird.

Vater – damit drücke ich aus, daß jemand da ist, der mir zuhört, mich nie allein läßt, immer gegenwärtig ist. Damit drücke ich aus, daß Gott in aller unendlichen Unterschiedenheit von mir doch so ist, daß ich ihn anreden kann, ja, auf Du sein darf mit ihm. Seine Größe ist nicht erdrükkend, wirft mich nicht ins Wesenlose und Bedeutungslose zurück; gewiß – ich stehe unter ihm, wie ein Kind unter dem Vater, aber es gibt doch auch eine so grundlegende Gleichheit und Ähnlichkeit zwischen ihm und mir, ja, ich bin so wichtig für ihn, so nahe ihm zugehörig, daß ich ihn richtig benenne, wenn ich „Vater" sage. So ist mein Geborensein nicht Schuld, sondern Gnade; es ist gut, zu leben, auch wenn ich es nicht immer merke. Ich bin gewollt; nicht ein Kind des Zufalls und der Notwendigkeit, sondern des Willens und der Freiheit. Daher werde ich auch gebraucht, es gibt einen Sinn für mich, eine Aufgabe, die nur gerade mir zugedacht ist; es gibt eine Idee von mir, die ich suchen und finden und erfüllen kann. Vater – das bedeutet, daß ich nicht in der Beliebigkeit stehe, die nur scheinbar Freiheit, in Wirklichkeit Auslieferung an die Gleichgültigkeit ist, die ewige Wiederkehr des Nichtig-Gleichgültigen, wie *Samuel Beckett* sagt. Nein, ich bin geliebt, ich bin gedacht, ich bin einmalig: nur-dieser, und gerade deshalb unter Maßstäben, die mir im Ganzen meinen Auftrag zuweisen. Noch einmal: Diese Liebe, die mich will, ist nicht gleichgültiges Gewährenlassen, sie stellt mich unter das Maß der Wahrheit, vor dem ich versagen kann. Aber dieser Ernst, der mich anfordert, mir schwer wird, ist mir doch nur noch einmal Gewißheit, daß ich nicht belangloses Evolutionsmaterial bin, sondern gebraucht und geliebt werde. Wenn die Erziehung durch das Leben unerträglich schwer wird, wenn ich aufschreien möchte wie Ijob, wie die Beter der Psalmen oder wie *Samuel Beckett* – dann kann ich diesen Schrei in das Wort *Vater* hineintragen, und langsam wird der Schrei wieder zum Wort, das Aufbegehren zum Vertrauen, denn vom Vater her wird sichtbar, daß mein Gefordertsein, ja, mein scheinbares Gequältwerden Teil der größeren Liebe ist, der ich mich verdanke.

Noch eins wird mir mit dem Wort *Vater* bewußt: daß ich nicht von mir selber bin, daß ich Kind bin. Dagegen möchte ich zunächst protestieren wie der verlorene Sohn es getan hat. Ich will ja mündig sein, „emanzipiert“, mein eigener Herr. Aber dann frage ich mich: Was ist die Alternative für mich, für den Menschen überhaupt, wenn es keinen Vater mehr gibt, ich folglich das Kindsein endgültig hinter mir gelassen habe? Bin ich dann wirklich mehr geworden? Wirklich frei? Oder habe ich nicht mit dem Vater das Prinzip der Freiheit aufgehoben? Nun bleibt nur die gewaltige und grausame Maschinerie des Weltalls, in der das Leben eine „obszöne Verirrung des Kohlenstoffs“ ist, wie *Friedrich Dürrenmatt* meint. Jedenfalls bin ich dann allein im Dunkel, ja, im Dreck, wie noch einmal *Beckett* sagt. Nein, nur wenn es das Prinzip der Freiheit gibt, einen, der liebt und dessen Liebe Macht hat, dann bin auch ich frei. Und so bleibt am Ende doch nichts anderes, als wie der verlorene Sohn umzukehren, die Demut haben, „Vater" zu sagen, und gerade so auf die Freiheit zuzugehen, indem ich meine Wahrheit annehme. Und dann fällt mein Blick auf den, der sich sein ganzes Leben lang als Kind, als Sohn wußte und der gerade so wesensgleich mit Gott selber ist: Jesus Christus. Wenn ich „Vater" sage, spreche ich mit ihm mit, und im Mitsprechen nimmt er mich ins Mitleben hinein, so daß ich mit ihm Sohn werde, mit ihm in Gottes Wesen hineingehöre. So bin ich im Vatersagen bei ihm, das ganze Licht seiner Gestalt strömt mir zu. Er hat von Gott erzählt; er konnte es, weil er ihn gesehen hat, ihn immerfort sieht. Von ihm her kommt eine Spur des Lichts in mein Leben hinein, die mir den Weg zeigt, mir Hoffnung und Vertrauen auch im Dunkel gibt.

Auf diese Weise geht das Wort *Vater* von selber über in das Wort *unser*. Ich kann nicht allein „Vater" sagen zu Gott. Wie sollte ich es wagen? Ich kann es nur, weil es der vor mir gesagt hat, der es konnte, der es durfte. Ich kann es, weil er mich einlädt, mit ihm so zu sprechen. Aber wenn ich mit ihm spreche, dann bin ich zugleich bei allen denen, die er zu seinen Geschwistern, zu meinen Geschwistern machen wollte. Wenn ich „Vater" sage, muß ich das Wir seiner Kinder annehmen. Aber auch umgekehrt gilt: Wenn ich „Vater" sage, weiß ich, daß ich in der Gemeinschaft aller Kinder Gottes stehe und sie alle bei mir sind. So führt mich das Reden zu Gott nicht weg von der Verantwortung für die Erde und für die Menschen, es gibt sie mir neu zurück. Vom Licht des Betens her kann ich wagen, mich ihr zu stellen.

Gott zwingen

Rabbi Mendel von Kozk sagte einmal: „Wir flehen Gott unseren Vater an, flehen ihn so lange an, bis er schließlich unser Vater wird." Man nennt ihn mit anderen Worten so oft gerecht und barmherzig, daß er es am Ende wird. Das bedeutet paradoxerweise, daß er es nicht ist. In diesem Fall ist das Gebet nur eine andere Form der Herausforderung und des Protestes. Man beschwört seine Liebe, weil man an der Abwesenheit seiner Liebe leidet, und weil er Gewalt und Blutvergießen gestattet hat, verherrlicht man seine Güte. Das Gebet also ein Mittel, seinen Namen trotz der Massengräber zu heiligen und unsere Segenswünsche hinauszuschreien trotz der blutroten Schatten, die den Horizont verdunkeln. „Aus der Tiefe rufen wir zu Dir", heißt es in den Psalmen. Obwohl wir uns im tiefsten Abgrund befinden, rufen wir zu Dir, verlangen wir nach Dir. Trotz allem, was du deinem Volke getan oder mit ihm hast geschehen lassen, singen wir Dein Lob. Je schwerer es ist, desto inbrünstiger wird unser Gesang.

Ich weiß nicht, ob nach den Konzentrationslagern der Mensch im Stande ist oder überhaupt das Recht hat, diese beiden Möglichkeiten für sich in Anspruch zu nehmen. Aber ich weiß, daß es während des ganzen Feuersturms in den Gettos und Lagern, inmitten des Feuer- und Todesmauern Juden gab, die von dieser Möglichkeit Gebrauch gemacht haben.

Elie Wiesel

KURT SCHARF

Sich aus Gebundenheit lösen und wahrnehmen, wozu Gott uns gewollt hat

Es ist nicht simple Vermenschlichung Gottes, wenn wir ihn Person nennen. Wir deuten damit auf das – sich enthüllende – Geheimnis seines Wesens hin. Personale Existenz ist die höchste Form von lebendigem Sein, das wir Menschen kennen. Auch sie beschreibt Gottes Sein unzureichend, aber sie zeigt die Richtung an, in die unsere Gedanken spähen dürfen. Wir vermögen ihn uns nicht vorzustellen, da unser Vorstellen und Empfinden eingebunden ist in die Kategorien von Raum und Zeit, *die* Kategorien, die – nach *Immanuel Kant* (gemäß seiner im biblisch-paulinischen Menschenbild gründenden Erkenntnistheorie) – unsere Sinne täuschen und zugleich fähig machen, die Welt des Außer-Ich zu erfahren und mit ihr umzugehen. Gott ist jenseits von Raum und Zeit. Was wir über ihn aussagen, sind „Titel", Unterschriften für unzulängliche Schattenbilder aufgrund von Äußerungen seines Wesens, die auf Menschen trafen vor unserer Gegenwart. Wir dürfen ihn uns nicht vorstellen *wollen* und nicht zu beschreiben versuchen. Gott ist für den Menschen nicht Objekt, nicht Gegenstand von Forschung, Urteil, Erkenntnis. Er ist das absolute Subjekt. Ihn gibt es, wie *Martin Buber* es ausgedrückt hat, nicht als einen „Gott in der dritten Person". Gott ist für uns kein „Er". Er ist das „Du", das uns geschaffen hat, das uns sich gegenüberstellt, damit es uns anrede, damit wir es hören und ihm antworten können. Gott ist für uns nur da im Zwiegespräch zwischen ihm und uns, nur als das Du, vor dem wir „Ich", vor dem wir sein „Du" werden und dadurch, *nur* dadurch ein personales, sich selbst erfahrendes „Ich".

Ahnungsweise habe ich dies schon als Kind im Konfirmandenalter an dem Gebet erspürt, dem jahrhundertealten, sehr herkömmlichen Gebet, das ich jetzt wiederholen möchte:

Allmächtiger Gott, barmherziger Vater, ich armer, elender, sündiger Mensch bekenne dir alle meine Sünde und Missetat, die ich begangen mit Gedanken, Worten und Werken, womit ich dich jemals erzürnt und deine Strafe zeitlich und ewiglich verdient habe. Sie sind mir aber alle herzlich leid und reuen mich sehr, und ich bitte dich um deiner grundlosen Barmherzigkeit und um des unschuldigen bitteren Leidens und Sterbens deines lieben Sohnes Jesus Christus willen, du wollest mir armem, sündhaftem Menschen gnädig und barmherzig sein, mir alle meine Sünden vergeben und zu meiner Besserung deines Geistes Kraft verleihen. Amen.

An dem Geschehen dieses Gebetes, den Fakten, die es einander zuordnet, habe ich schon als Konfirmand die menschliche Grundsituation des *Büßens* entdeckt – und seine fröhlich-befreiende Wirkung. Das kam so: Am Tage nach meiner Konfirmation hat mein Vater mir empfohlen, mich auf den ersten Abendmahlsgang vorzubereiten im Bedenken des Textes, den die Gemeinde von Konfirmanden und Eltern im Gottesdienst als Bußgebet gemeinsam sprechen werde. Nach dem, was wir im Unterricht über das Heilige Mahl besprochen hatten, tat ich dies nicht ungern. Ich war gespannt auf die Feier. Es war mir ernst mit ihr, ohne daß ich die sinnenhafte Begegnung mit dem Leib des Herrn gefürchtet hätte. In Elternhaus und Unterricht war uns Gott nicht als der erschreckende Rächer unserer kindlichen Vergehen, sondern eher als der beschützende Retter und Helfer in Gefahren gelehrt worden. Der mir „beigebrachte“ Gottesglaube hat bei uns, meinem Bruder und mir, keine „Gottesvergiftung“ bewirkt, sondern Respekt und Vertrauen zu Gott. Wir hatten begriffen: Gott meint es gut mit uns, auch und gerade wenn er will, daß wir das Gut-Sein anstreben. Ich kam mir nicht nichtig vor, wenn ich von mir bekannte, arm und elend und sündhaft zu sein. Es setzte mir schon zu, wie oft ich Eltern und Lehrer belog, daß ich unkameradschaftlich zu Mitschülern war und daß ich älteren Mitgliedern der Jugendgruppe, die über Gott witzelten und anderes, vor dem ich Scheu empfand, frivol bespöttelten, nicht offen genug widersprochen hatte. Damals, beim Nachdenken über den Worten dieses alten Gebetes kam mir eine Ahnung davon, daß Gottes *Güte* zur Buße leitet und daß Erkennen und Bekennen von Schuld innerlich frei machen kann.

In sehr viel ernsterer Lage später sind mir, dem Pastor und Bruderratsmitglied der Bekennenden Kirche, bei einer Bekenntnissynode auf der Höhe des Kirchenkampfes im gottesdienstlichen Mitsprechen dieses Beichtgebetes seine Schuldaussagen und seine Bitte um „Hilfe zur Besserung“ vollkommener Ausdruck unmittelbaren eigenen Empfindens gewesen, in der Tat „aus der Seele gesprochen“: Es ist „elend“ und „sündhaft“ – so empfand ich –, daß nicht mein ganzes Tun, zu jeder Stunde und bei jedem Anlaß, dem Widerstand gehört hatte: gegen die Lüge, den Terror, das hybride Unrecht, die lästerliche Gottesverachtung des Regimes. Ich begriff elementar: Menschenkraft und bestes Wollen reichen hierzu nicht aus. Gottes Geist möge helfen! Leid „von Herzen“ und Reue „sehr bitter“ über solchem Versagen waren der ehrliche, der treffende Ausdruck dessen, was mich ergriffen hatte, was mir im sprechenden Beten erst recht klar wurde über mich selber.

Mit ebenso starker Gewalt nahm ich die Antwort des die Feier leitenden Liturgen auf. Ich hörte als Gottes Stimme – wie beim Empfang des Abendmahles nach der Konfirmation:

Auf solch euer Bekenntnis verkündige ich euch die Gnade Gottes und spreche euch anstatt und auf Befehl meines Herrn Jesus Christus die Vergebung aller eurer Sünden zu, im Namen des Vaters und des Sohnes und des Heiligen Geistes.

Zum Gebet, damit es Zwiegespräch wird mit Gott, gehört die Antwort Gottes im Gottesdienst der Gemeinde: aus der Schriftlesung, der Predigt, dem Gnadenwort der Liturgie, dem Zuspruch im festgelegten Wortlaut des gottesdienstlichen Formulars – oder auch außerhalb eines Gottesdienstes durch die Zusage des einzelnen Bruders, der einzelnen Schwester, vor denen ich gebeichtet, mit denen ich gebetet habe. Antwort kommt zu mir, wenn ich sie suche in seinem uns überlieferten Wort Heiliger Schrift. Gebet braucht das Suchen in der Schrift, die von ihm Nachricht gibt, von Gott und dem Sohn, in dem Gott sich uns mitteilt. Im Kreis der Zwei oder Drei die Schrift befragen, im Austausch von Einsichten auf das Wort der Schrift hören, das löst unser Beten aus der Einbahn des Monologes und öffnet unser Ohr für Gottes Bescheid. *Büßen* wird dabei zu einem Vorgang befreiter Freude, zur Wahrnehmung, daß Gottes Güte zur Buße leitet, nicht die Angst vor seinem Zorn! Menschenmund gibt Gottes Antwort weiter. Das überkommene Bibelwort, das geoffenbartes göttliches Wort ist aus den Griffeln und Papyri der

„Schriftsteller" des Alten und des Neuen Testamentes – aufgenommen, neu zugesprochen durch Menschen, die Gott heute als seine Boten gebraucht – wird für mich, den Hörenden, zu Gottes an mich gerichteter Rede. Und *mein* Sprechen, aus Gottes Wort gewonnen, kann für den nach Gott fragenden Anderen, ohne daß ich es merke, zu einer Antwort Gottes, zu Warnung oder Entbindung, zur Lossprechung durch Gott selbst werden.

Geschieht es an Dir oder durch Dich, liebe Leserin, lieber Leser – im Freundeskreis, im Beruf, im Leben mit Deiner Gemeinde –, so ist das Wirkung des Heiligen Geistes, des Geistes Jesu des Christus. Seine Kraft macht frei aus der Fessel jeder Schuld und Angst, jeder Gier und Sorge, der quälenden Ichsucht und Geltungssucht und lenkt den Blick auf den gefesselten Mitmenschen und seine Not und – auf das Ziel der Hoffnung für alle: Gottes gute Herrschaft, sein vollkommenes Reich, das die Welt von morgen umspannt, ihren Himmel und ihre Erde, und das in der neuen ewigen Welt sich vollendet.

Gier, Machtgier, Sucht, Rachsucht, Gier nach Genuß und Sucht nach Geltung sind Waffen des Todes, sind die Kampfesweisen, mit denen seine Gewalt die Revolution Christi, die Revolution gegen die Machthaber auf Erden, niederzuhalten sucht. Der Tod ist der große Konterrevolutionär gegen die christliche Revolution und gegen die Revolutionen, die aus ihr folgen, das ist gegen den gewaltlosen christlichen Aufstand zur Befreiung von Unterdrückten, wo es auch sei!

Die „Konterrevolution des Todes" beginnt stets – unser Beichtgebet setzt zu Recht dort ein – in „Gedanken". Sie beginnt beim verächtlichen Denken über den andern. Sie steigert sich zum „Wort", zum öffentlichen Angriff der Rede gegen die als schädlich empfundene, verleumdete, indizierte und inkriminierte Gruppe. Und sie erreicht ihr

Ziel im Mord, im „Werk“ des Mordes, das nicht der Denker oder der Redner und Schreiber selbst auszuführen braucht, für das verhetzte, irregeleitete Dritte sich nach einer gewissen Zeit der Kampagne von selbst einstellen und das dennoch der Mord ist aus den „Gedanken“ der Haß Säenden – der Beispiele dafür auch aus der jüngsten Geschichte sind nicht wenige.

Christi Leiden und Sterben, das bittere Sterben, mit dem der lebendige Gott den Tod der Menschen starb, hat die Macht des „Allherrn“ Tod gebrochen. *Beten* und *Büßen* gibt teil an Sterben und Auferstehen des Menschensohnes, an seinem Sieg über die Gegenrevolution der bösen, vernichtenden Gewalt der Vergänglichkeit. Deshalb ist unser Bußgebet das Siegesgebet des Sterbeabendmahls bis in seine letzte Bitte. Auch auf dem Sterbelager noch hat die „Bitte um Besserung“ ihren Sinn. Wir bedürfen der Kraft des Heiligen Geistes bis zum letzten Atemzug! *Büßen* löst aus Gebundenheit, auch aus der der Todesfurcht, und *Beten* stellt die Person des Menschen vor den persönlichen Gott „zeitlich und ewiglich“. Beten nimmt wahr, wozu Gott uns gewollt hat: das „Du“ zu sein, mit dem er sprechen kann.

Wer betet, wer vom Privileg, mit Gott sprechen zu können, Gebrauch macht, wer hierin Erfahrungen sammelt, wird herausgenommen aus dem eindimensionalen Weltbild, einem populär-„wissenschaftlichen Weltbild“ mechanischer Automatik der Entwicklungstheorien. Sein – primitiv, vermeintlich wissenschaftliches – Weltgefühl verändert sich. Er schaut in neue Dimensionen des „Personalen“. Wie *er* unter der Zuwendung Gottes sich selbst als Person begreift, wird unter seiner Zuwendung zu Gottes Schöpfung auch *sie* für ihn – liebebedürftige, liebenswerte – Person: das Volk, zu dem er gehört, die andern Völker, die menschheitliche Gesellschaft, das Tier, die

Pflanze, der Stein, *der* Kosmos in seiner Ganzheit. Sie alle erhalten teil am Person-Sein des betenden, des um ihretwillen büßenden Menschen. Wer nicht betet, wer nicht einstimmen mag in das „unaussprechliche Seufzen des für uns betenden Geistes“, wer dies verweigert, gefährdet die eigene Personalität und enthält seiner Umwelt Wesentliches vor, das ihr zugedacht ist: die Anerkennung *ihrer* Personalität durch den Verweigerer.

Versuchen wir, aus der Verweigerung hervorzutreten! Üben wir uns, im Beten und – *Büßen!*

Gehetzt

Der Rabbi sagte zu seinen Schülern: „Seht euch einen Mann an, der tagsüber von seinen Geschäften durch Markt und Gassen gehetzt wird – fast vergißt er, daß es einen Schöpfer der Welt gibt. Nur wenn die Zeit kommt, das Nachmittagsgebet zu beten, da geht ihm auf: Ich muß beten! – und da seufzt er vom Grund seines Herzens, daß er den Tag mit Eitlem verbracht hat, und läuft in eine Seitengasse und stellt sich hin und betet: teuer, sehr teuer ist er vor Gott geachtet, und sein Gebet durchbohrt die Firmamente."

Chassidische Geschichte

BERNARDIN SCHELLENBERGER

Horchen auf den Schrei vom Grund unseres Herzens

Beten können wir nicht lernen, wie wir eine Fremdsprache lernen; wir können es nicht erwerben wie irgendeine andere Fertigkeit. Das Beten, das wahre, ursprüngliche Beten, nicht die von außen übernommene Formel und nachgesprochene Phrase, dieses Beten müssen wir entdecken als eine Regung unseres eigenen Wesens. Sie gehört schon immer zu uns. Das ist so, wie wir eines Tages unseren Atem oder das Klopfen unseres Herzens und das Pulsieren unseres Blutes entdecken können. Schon immer haben wir damit gelebt, aber vielleicht haben wir jahrzehntelang nicht darauf geachtet und sind uns seiner noch nie bewußt geworden. Hätte es nur für wenige Minuten ausgesetzt, so wären wir gestorben.

Ein islamischer Mystiker hat gesagt, der Mensch beginne sein Leben mit dem Angstschrei beim Verlassen des mütterlichen Schoßes und er beende sein Leben mit dem Angstschrei beim Versinken im Schoß des Todes. Mit einem Angstschrei schöpfe der Neugeborene seinen ersten Atem, und mit einem Angstschrei lasse der Sterbende seinen letzten Atem. Zwischen diese beiden Schreie sei das Leben des Menschen eingespannt, und es sei, genau besehen, ein einziger Schrei. Kinder stoßen diesen Schrei noch ungehemmt aus, wenn ihnen die Kluft zwischen dem, was sie wollen, und dem, was in Wirklichkeit ist, unerträglich vorkommt. Als Erwachsene werden sie „vernünftiger" und schreien fast nie mehr, oder nur noch in ganz verzweifelten Situationen. Sie versagen sich fortan die befreiende Erfahrung, zu schreien oder laut zu stöhnen oder ihren Schmerz im Weinen zu lösen – oder sie tun es nur ganz heimlich, wenn es niemand hört. Ihre Umgebung sagt ihnen, das sei menschenunwürdig, kindisch und ein Zeichen von Schwäche. So spielen sie die Starken und verschlüsseln ihre Schreie in zahllosen allgemein gebilligten Formen: in ruheloser Hast, in hektischer Betriebsamkeit, in ewiger Unzufriedenheit mit sich und der Welt, in heroischer Leistung, in rücksichtslosem Karrieremachen, in Neurosen und auf all die üblichen Weisen, vor sich selbst zu fliehen, sich zu betäuben und sein inneres Schreien zu übertönen.

Dieses elementare Schreien, diese Unrast und Ruhelosigkeit, dieses unausrottbare Sehnen und Drängen zu einem Zustand hin, der noch nicht erreicht ist: das ist Gebet. Paulus deutet es in seinem Brief an die Römer als das Seufzen und die Wehen der gesamten Schöpfung, die auf eine neue Geburt wartet, in ein volleres, ein erlöstes Leben hinein. In diesem Sinn betet auch der Atheist und der Mensch, der nicht mehr an den Gott glauben kann, der vielen Frommen recht verfügbar zuhanden zu sein scheint. In diesem Sinn betet jeder Mensch, der noch leidet und der noch etwas erhofft und erwartet; und in diesem Sinn betet auch jeder, der keinen Ausweg und keine Zukunft mehr sieht und sich das Leben nimmt: selbst diese letzte Verzweiflungstat ist das Offenbarwerden des Schreis eines Menschen nach Geborgenheit und Erfüllung. Die Armen im Geist, die Suchenden und Fragenden und Zweifelnden, und selbst die Verzweifelten, sind Gott allemal näher als die Behäbigen und Selbstsicheren und die Satten und Abgestumpften.

Wenn wir in dieser Tiefe ansetzen, sehen wir, daß wir in einer Zeit leben, in der sehr viel gebetet wird. Denn in unserer Zeit leiden sehr viele Menschen, fragen sehr viele Menschen nach einer besseren Zukunft, fühlen sich sehr viele Menschen herausgerissen aus der Sicherheit und Geborgenheit im Hier und Heute, sind sehr viele Menschen rastlos unterwegs zu etwas anderem als dem, was ihnen vorgegeben oder aufgenötigt ist. Doch immer mehr scheint ihr Beten nicht zu sich selbst zu kommen und im Vor- oder Unterbewußten stecken zu bleiben; es bleibt eine anonyme, blinde, nicht gefaßte und nicht konzentrierte Kraft. Ja, die meisten Menschen werden sich wundern, wenn man ihnen sagt, *daß* sie beten und es nur noch nicht gemerkt haben; denn das, was *sie* umtreibt, scheint gar nichts zu tun zu haben mit dem, was Christen und andere Gottgläubige als Gebet bezeichnen und praktizieren. Tatsächlich ist jene Übung, die landläufig als „Beten" gilt, sehr oft nur eine eigene Form – und eine nicht immer durchschaute Form –, den elementaren Schrei des menschlichen Herzens zu überspielen und zu verdrängen, statt ihn glaubwürdig ins Wort zu fassen. Es kommt nicht selten vor, daß Menschen durch vieles Beten das wahre, tiefe *Gebet* vereiteln und ertöten. Radikal Suchende und Fragende, Menschen, die den Schrei aus der Mitte ihres Wesens heraus hören und von ihm bedrängt werden, spüren dann instinktiv, daß solche Fromme und „Gläubige" für die Radikalität ihrer Fragestellung keinen Sinn haben. Sie sind durch ihr Frommsein narkotisiert und abgestumpft, und es ist eine Frage der Ehrlichkeit und Wahrhaftigkeit, sich ihnen nicht anzuschließen.

Darin liegt eine tiefe Tragik. Die dazu berufen wären, den Schrei der Menschheit nach Erlösung aufzudecken, zu verstärken, ins Wort zu bringen und ihn mit dem Schrei Gottes selbst zu vereinen – mit dem Angstschrei Jesu Christi in Gethsemane und am Kreuz –, die sogenannten Gläubigen, haben selbst oft weniger Sinn für diesen Schrei als die sogenannten Ungläubigen. Und so gehen die einen und die andern isoliert voneinander ihres Weges: die einen mit ihren blinden Fragen, die andern mit ihren scheinbaren Antworten. Der Schrei nach Erlösung wird so nicht zur geschichtsmächtigen Kraft, sondern er verstummt bei den einen in Verzweiflung und Resignation und verflacht bei den andern zum frommen Geplauder.

Das Beten sei ein Sprechen mit Gott, heißt es. Das ist wahr, aber es ist zugleich mißverständlich. Gott ist für unsere Erfahrung kein unmittelbares Gegenüber wie irgendein Mensch, mit dem wir sprechen und der jeden unserer Sätze mit einem Satz von seiner Seite erwidert. Fromme, die das spüren, aber nicht recht wahrhaben wollen, lösen dieses Problem, indem sie einfach endlos selbst reden und Gott, auch wenn er sprechen wollte, gar nicht mehr zu Wort kommen lassen. Er würde geradezu stören in ihrem eifrigen Plappern. Und so wird ihr Beten unmerklich gott-los, wird zum Monolog von Mit-sich-selbst-Beschäftigten, die sich mit ihrem System von Wörtern und Phrasen emsig gegen die Wirklichkeit und gegen alle Fragen des Lebens abschirmen. Es ist kein Wunder, daß ernsthafte Menschen sich darauf nicht einlassen wollen. Auch Gott läßt sich darauf nicht ein. In lichten Momenten mag diese Beter jenes Empfinden überkommen, das *Marie-Luise Kaschnitz* in einem ihrer Gedichte beschrieben hat:

Mit denen, die Dich auf die alte Weise
Erkennen wollen, gehst Du unsanft um.
Vor Deinen Altären läßt Du ihr Herz veröden,
In Deinen schönen Tälern schlägst Du sie
Mit Blindheit. Denen, die Dich zu loben versuchen,
Spülst Du vor die Füße den aufgetriebenen Leichnam.
Denen, die anheben, von Deiner Liebe zu reden,

Kehrst Du das Wort im Mund um, läßt sie heulen
*Wie Hunde in der Nacht.**

Die diese Erfahrung machen, werden geneigt sein, sie durch noch größere Anstrengung zu über-reden und zu übertönen, statt endlich den Mund zu halten und zu horchen.

Sagen wir also lieber nicht: das Beten sei ein Sprechen mit Gott. Sagen wir: das Beten sei ein Horchen, oder jedenfalls: es beginne mit dem Horchen. Wir würden den zweiten Schritt vor dem ersten tun, wollten wir gleich sagen: das Beten sei ein Horchen auf *Gott.* Fangen wir bescheidener an, und *horchen* wir einfach. Horchen worauf? Horchen auf die Wirklichkeit unserer Zeit, unserer Umgebung, unserer Mitmenschen, unseres eigenen Zustands; Horchen auf den Schrei der Welt nach Erlösung, Horchen auf den Schrei vom Grunde unseres eigenen Herzens. Halten wir ganz nüchtern Bilanz, wie wir hier und heute in dieser Welt stehen. Es wird notwendig sein, daß wir dazu gelegentlich alle Ablenkungen, alle Vorwände, alle Fluchtmöglichkeiten in nützliche oder kurzweilige Beschäftigungen jeglicher Art abschneiden und uns Stillsein und Schweigen auferlegen. Bleiben wir also endlich einmal allein mit uns selbst; halten wir einmal wenigstens kurz ein auf unserem Weg, und fragen wir uns: Wo hasten und rennen wir eigentlich hin? Bei diesem Horchen darauf, wie es um uns selbst und unsere Welt steht, können wir erahnen und entdecken, daß darin mehr steckt als nur diese Welt und nur wir selbst; daß da etwas hinausweist über die Welt und über uns selbst, in der Form der Trauer, der Angst, der Klage – oder auch der Freude, des Glücks, des Dankes.

---

* Das Gedicht von Marie-Luise Kaschnitz wurde entnommen aus: *Neue Gedichte*, Claassen Verlag GmbH, Düsseldorf 1957, S. 13.

Wir werden erfahren, daß in der Welt und in uns selbst eine Dynamik aufbricht, die über das Vorgegebene hinausdrängt. Und diese Erfahrung ist der Quellort, der Anfang des Gebets; in ihr meldet sich wieder der Schrei nach Gott, der in allem steckt.

Beten, wahres, echtes, lebendiges Beten, heißt, das voll und ganz wahrhaben wollen und sich auf diese Dynamik einlassen. Es heißt, sich in die Spannung auf die Erfüllung hin stellen, auf die die Welt und unser eigenes Wesen angelegt sind. Es heißt erfassen, daß alles, was die Menschen auf die seltsamsten Wünsche und Süchte und innerweltlichen Ziele hin treibt und was sie in diesen Zielen auch dann nicht zur Ruhe kommen läßt, wenn sie sie erreichen, zersplitterte und verirrte Antriebe sind. Wären diese Antriebe erkannt, gedeutet und zu einer einzigen Kraft gebündelt, so würden wir alle frei von zahllosen Abhängigkeiten und unser Leben würde jene innere Einheit und Zielstrebigkeit gewinnen, die allein ihm seinen wahren Sinn geben kann.

Aus dieser Erfahrung, die zunächst in der Wortlosigkeit und im Schweigen auftauchen wird, werden wir dann auch wieder Worte formulieren und aussprechen. Und wir werden Worte anderer Menschen finden, die uns helfen, unsere eigene Erfahrung zu fassen und zu artikulieren. Das sind dann nicht einfach übergestülpte, nachgeredete Worte, sondern von innen her aufgebrochene, wahre, ehrliche Worte. Wahrscheinlich werden es gar nicht sehr viele Worte sein.

Das Beten können wir also nicht erlernen wie eine Fremdsprache. Wir können es nur entdecken als unsere Muttersprache, als unser lange vergessenes ureigenes Sprechen. Beten heißt, den Schrei, die Sehnsucht der ganzen Schöpfung und unserer eigenen Existenz herauslösen aus all ihren Verkleidungen und Verschlüsselungen und Verdrängungen und diesen Schrei, diese Sehnsucht erfassen, erfahren; sich dieser Erfahrung nackt und bloß stellen, in ihr aushalten und sie je und je ins Wort bringen.

Gott –
ich habe keine Worte mehr für dich.
Ich habe keinen Begriff mehr von dir.
Ich kann zu dir hin nur noch schweigen.
Ich bin allein
mit dem Gebrodel meiner Gedanken und Sorgen,
meiner Sehnsüchte, meiner Freuden, meiner Ängste,
meiner Gewißheiten, meiner Zweifel.
Aber all dies will nicht zur Ruhe kommen.
Es kann nicht zur Ruhe kommen.
Es ist mein stummes Schreien,
es ist mein blindes Tasten,
es ist mein taubes Hören nach dir.
Darin will ich stehen,
darin will ich aushalten –
bis ein Wort von dir kommt,
bis ein Funke Licht von dir kommt.
Darin ahne ich, daß ich mit dir zu tun habe.
Wie ein Brenneisen
hast du dich in mein zuckendes Fleisch gedrückt.
Du hast Schrecken und Schmerz
in mich eingegraben,
unausrottbar die Wunde, das Siegel:
Ich bin dein.

Unsäglichkeit

Das Gebet muß zuerst Gott angemessen sein, zu dem sich der Betende erhebt. Wer aber die Unsäglichkeit Gottes im Blick hat, seine stille Größe, die jeden Begriff und damit auch jedes Wort übersteigt, wer sich dessen erinnert, daß alle menschlichen Worte endlich sind und an die Unendlichkeit Gottes nicht hinreichen, der wird, sich zu Gott hinwendend, zuerst verstummen. Für ihn wird sichtbar, daß es angemessen ist, daß der Mensch sein Wort zurücknimmt ins Schweigen. Das verstummende Schweigen ist darum die erste Gestalt des Gebetes, denn in ihm verhält sich der sterbliche Mensch am angemessensten zu Gott. Das Schweigen des Menschen ist die unmittelbare Konsequenz aus der alles Wort übertreffenden Größe Gottes. Wenn immer diese in ihrer Überschwenglichkeit den Menschen berührt und bewegt, wird er zunächst verstummen und schweigen.

Bernhard Welte

MAX SECKLER

Im Geist und in der Wahrheit bitten

Wenn ich gefragt werde, welches Gebet in meinem Leben eine besondere Bedeutung gewonnen habe, dann geht mein Blick zurück über die Jahre und über die verschiedenen Phasen meines Lebens, auf die vielen Wege, die mich ein bewegtes Schicksal geführt hat, und ich sehe, daß zu verschiedenen Zeiten und in verschiedenen Situationen auch ganz verschiedene Dinge auf mich eingewirkt und über mich Macht gewonnen haben. Dabei haben auch verschiedene Gebete und verschiedene Weisen des Betens eine mehr oder weniger bedeutsame Rolle gespielt. Es gab Zeiten des Zweifels, der Anfechtung, des Verstummens, und dann wieder des Nachdenkens, des Probierens und Experimentierens. Manches ist dabei versunken, manches blieb, manches wurde dazugewonnen. Dabei machte ich eine eigentümliche Erfahrung, die sich mir dann später, auch beim Studium der Religionsgeschichte, bestätigte. Sie bestand darin, daß, auf die Dauer gesehen, von allen Arten des Betens gerade das *Bittgebet* sich am hartnäckigsten behauptete und sich schließlich auch am überzeugendsten bewährte, obwohl es die stärksten rationalen Einwände gegen sich hatte. Allerdings, es hat sich durch die Krisen und die Kritik hindurch nicht nur behauptet, sondern auch gewandelt und, wie ich hoffe, geläutert. Dabei hat ein aus

Ich ergreife gerne die Gelegenheit, diese Besinnung Richard Eisenbarth zu widmen, der mich auf den Weg der Theologie gebracht hat.

dem Mittelalter stammender Hymnus zunehmend Bedeutung für mich gewonnen, da er mir den Sinn und Geist des Bittgebetes in besonders reiner und ansprechender Weise zu verkörpern scheint. Bevor ich auf diesen Hymnus zu sprechen komme, möchte ich aber noch einige Gedanken zum Thema Bittgebet vorausschicken.

Die Fachleute sind sich darüber einig, daß das Bittgebet die ursprünglichste Weise des Betens darstellt. Beten kommt von bitten. Bitten besagt Suchen und Anklopfen. Es entspringt aus einem Entbehren und Begehren, aus menschlicher Not und aus der Hoffnung auf Hilfe. „In meiner Not schrie ich zum Herrn", heißt es im Psalm. Dieses Wort signalisiert den Ursprung allen Betens und wohl auch den Ursprung der Religion überhaupt. Gegen diesen Schrei in der Not zu Gott als dem Helfer und Retter kann kein Einwand, kein religionskritisches Argument, bestehen. Er bricht elementar heraus aus dem leidenden Menschen, gleichsam als der *Urschrei der Religion*, und er wird nicht verstummen, solange es leidende und hoffende Menschen gibt. Alle Reflexion und alle kritische Infragestellung ist demgegenüber etwas Sekundäres.

Trotzdem, gerade gegen das Bittgebet gibt es nun auch die gewichtigsten Einwände. Es hat die ganze Religionskritik in besonderer Weise gegen sich, denn hier wird mit dem lebendigen Gott und mit einem Gottesverhältnis, in dem wirklich etwas geschehen und sich ereignen soll, in höchst existentieller Weise ernst gemacht.

Die Argumente gegen das Bittgebet sind bekannt: Soll Gott wirklich durch unser Bitten und Flehen bewegt werden können? Sollte er sich gerade um meine Probleme kümmern? Muß ich sie ihm erst sagen? Kennt er sie nicht ohnehin? Steht nicht oft das Bittgebet des einen Menschen gegen das des anderen, zum Beispiel im Krieg oder in anderen Konflikten?

Gerade das Bittgebet erscheint wie ein naives und unzeitgemäßes Relikt aus vergangenen Tagen, als man die Naturgesetze noch für Götter hielt, die mit sich reden lassen und die man mit Tränen erweichen und gnädig stimmen kann. Ist es nicht so, daß das Bittgebet als Schrei in der Not zwar verständlich, aber eben auch durchschaubar ist, als Wunsch nach rascher, leichter Abhilfe dort, wo der eigene Arm zu kurz und die eigene Kraft zu schwach ist? Andere Weisen des Betens wie Lob und Preis und Dank zu Gott oder die sogenannte interesselose Anbetung und Verehrung des Heiligen erscheinen demgegenüber wenn nicht als sinnvoller, so doch als sittlich höherstehend. Man hat deshalb vorgeschlagen, die Reinheit der Gesinnung und das ethische Niveau der Religion eben daran zu messen, daß das Bittgebet mit seinem Habenwollen ferngehalten wird und an seine Stelle die dem Menschen als Vernunftwesen allein würdige Anbetung Gottes oder die stumme Verehrung der alles bestimmenden Macht treten solle.

Dieser Ausweg erscheint zunächst als plausibel. Wer hätte nicht schon unter dem Druck der intellektuellen Ratlosigkeit, in die man durch die Kritik des Bittgebetes hineingeraten kann, sich an ihn zu halten gesucht? Und trotzdem: Wer ernsthaft darüber nachdenkt, wird nicht dabei bleiben können. Nicht nur deshalb, weil die Erfahrung zeigt, daß mit dem Verschwinden des Bittgebetes auch alles übrige Beten auf die Dauer sein Leben und seine Kraft verliert, sondern auch aus einer tieferen Einsicht in das Wesen des Bittgebetes heraus. Das Bittgebet ist nämlich nicht, wie es zunächst scheinen könnte, ein besonders problematischer Sonderfall auf dem ohnehin problemreichen Gebiet des Betens, sondern in ihm kommt der Sinn und die Natur des Betens am elementarsten zur Geltung, gerade wenn es ein Aufschrei der Existenz ist, der sich an keine menschliche Adresse und an keine endliche Instanz mehr wendet. Man hat es deshalb mit Recht den *Testfall des Glaubens* und den *Ernstfall der Religion* genannt. In ihm kommt etwas zum Austrag, was für unser Dasein von Grund auf wichtig ist. Man darf sich nicht davon beirren lassen, daß das Bittgebet oft gerade dort besonders drängend aufbricht, wo *Grenzsituationen* gegeben sind. Von daher gesehen könnte es vielleicht nur als ein *irrationales Grenzphänomen* erscheinen, auf das nun eben einmal in mehr oder weniger hoffnungslosen Notlagen zurückgegriffen wird, und als ein Ausnahmefall, von dem man lieber verschont bleiben möchte. Von daher die verständliche Tendenz, diese Grenzfälle und ihre scheinbar irrationalen Mittel der Bewältigung lieber zu umgehen, dem Bittgebet also dadurch das Fundament zu entziehen, daß der Notfall vermieden und die Not beseitigt wird. Man kann nicht leugnen, daß man durch die Praxis vieler Bittgebete tatsächlich auf diese Logik gebracht wird: Wenn das Bittgebet aus akuten Notlagen erwächst, dann wird mit den Notlagen auch das Bittgebet verschwinden, weil es sinnlos und funktionslos wird.

Aber diese Logik ist falsch. Sie entspricht zwar einer weitverbreiteten Praxis, aber sie ist ebenso falsch wie diese Praxis. Sie ist falsch, weil sie die Grenzfälle und Grenzsituationen isoliert nimmt, als zwar schmerzliches, aber im Grunde doch unwesentliches und darum schließlich auch zu beseitigendes Randphänomen unseres Lebens, anstatt in ihnen Hinweise auf die Wahrheit unserer Natur und ein Indiz für die *bleibende und wesentliche Bedingung unseres Daseins* zu sehen.

Dafür ist es allerdings nötig, das Bittgebet auf seinen Wesenskern zurückzuführen, es radikal, in seiner wurzelhaften anthropologischen Bedeutung, zu betrachten und von daher dann auch die Praxis der Bittgebete einer kritischen Prüfung und Läuterung zu unterziehen. Wir können uns den Weg zu der entsprechenden Einsicht durch drei Hinweise, die sich in der christlichen Gebetsreflexion finden, zeigen lassen. Die beiden ersten finden sich im Werk des *Thomas von Aquin* (Summa theologiae II II 83 und 84; Summa contra Gentiles III, 95 und 96), der dritte steht im 4. Kapitel des Johannesevangeliums.

Der erste Hinweis lautet: Bitten ist Sache eines jeden, der aus Gnade lebt (orare est accipientis per gratiam). Das ist an sich eine pragmatische Binsenweisheit, aber es wird hier zugleich ein tiefer anthropologischer Sachverhalt ausgedrückt und damit *eine Option für ein Menschenbild,* das sich bewußt ist, daß eigene Leistung nur die eine Seite unseres Daseins ausmachen kann, die andere Seite aber Huld und Gnade heißt, Existenz im Empfang, und Dasein, dem das Licht und das Leben und das Schöne und Befreiende und Erlösende und Beseligende letztlich nur aus Gnade zukommen kann. Das Bittgebet ist so Ausdruck dessen, daß letztlich nicht Leistung, sondern Gnade das Lebensentscheidende ist. Im Bittgebet kommt deshalb eine überaus wichtige Dimension unseres Daseins zur Verhandlung und zum Ausdruck.

Das wird durch den zweiten Hinweis, den *Thomas von Aquin* gibt, verdeutlicht. Er lautet: Im Bittgebet erfolgt die Interpretation eines Verlangens (petitio est desiderii interpres). „Verlangen" meint hier nicht nur ein mehr oder weniger blindes Habenwollen, sondern ein Begehren und Wünschen, in welchem sich gleichsam ein konstitutives Entbehren und eine letzte Hilflosigkeit zu Wort melden. Daß dies gesehen wird, dazu bedarf es der „Interpretation" der Verlangenssituationen. In seinem psychologischen Ursprung und in seinem unmittelbaren Ausbruch ist das Bittgebet zunächst vielleicht wirklich nur ein Aufschrei, ein Hilferuf, ein Habenwollen dessen, woran es gebricht. Und dann mehr oder weniger blind oft auch nur ein religiös getarnter Egoismus: Gott als Helfer in der Not, als *mein* Helfer, sprich Adjutant und allmächtiger Bedürfnisbefriediger. Hier, in dieser scheinbaren psychologischen Ursprünglichkeit, nimmt das „Bittgebet" jene egoistischen, abergläubigen und magischen, ja manipulatorischen Züge an, die es in Verruf gebracht haben, indem es zum Instrument wird, um Macht über Gott zu gewinnen. Als unmittelbarer Ausbruch ist es dann oft nur die ultima ratio eines anderweitig machtlosen Habenwollens. Sehr fromm hinaus-, hinaufgeschriene Not oft, gewiß. Aber der blinde Schrei, so echt er auch empfunden sein mag, bedarf des klärenden und reinigenden Lichtes, wenn er wirkliche Authentizität gewinnen will vor einem Gott, der nicht unser Bedürfnisbefriediger, sondern unser Erlöser ist. Er, der Aufschrei unserer Natur, der freilich nie abstrakt ist, sondern immer eingetaucht in konkrete Situationen des Entbehrens und Begehrens, bedarf also der „Interpretation" durch uns selbst, und das heißt: einer verantwortlichen und kritischen Prüfung.

Bittgebet ist demnach nicht gleich Bittgebet. Nichts bedarf so sehr der kritischen Kontrolle wie der Inhalt und die Absicht unserer Gebete. Brauch und Mißbrauch, Wahrheit und Falschheit unseres Lebens liegen nahe beisammen. Die Ehrfurcht, die wir angesichts eines betenden Menschen empfinden, darf uns nicht daran hindern, bezüglich der Inhalte, Absichten und Funktionen unserer Gebete auf der Hut zu sein.

Dieser Gesichtspunkt kommt im dritten Hinweis zum Ausdruck. Er findet sich im 4. Kapitel des Johannesevangeliums und ist ein Teil des denkwürdigen Gesprächs, das Jesus mit der Samariterin am Jakobsbrunnen geführt hat. Zur Debatte steht, wo und wie man beten solle und welche Rolle dabei der Tempel und andere Formen und Einrichtungen der Religion spielen sollen. Die Antwort, die Jesus gibt, übersteigt qualitativ die Fragestellung und hebt das Gespräch auf eine andere Ebene. Er sagt, es komme die Zeit, und sie sei schon da, wo es darauf ankomme, zum Vater „im Geist und in der Wahrheit" zu beten (Johannes 4,23).

Damit ist das entscheidende Kriterium allen Betens genannt: *im Geist und in der Wahrheit*. Gebet ist nicht gleich Gebet. Es kommt durchaus nicht auf das bloße „daß" an, sondern auf den „Geist" des Betens und auf die „Wahrheit", die darin zur Verhandlung und zum Vorschein kommt. Das innere Maß der Frömmigkeit und das Kriterium des Betens liegt nicht einfach nur in der heißen Intensität eines mehr oder weniger irrationalen und blinden Habenwollens, sondern in dem Geist und in der Wahrheit, in denen ich mein Armsein vor Gott „interpretiere". Sich in seinem Armsein artikulieren und interpretieren heißt demnach immer auch: sich in *den* Geist und in *die* Wahrheit, die letztlich für gelingendes und glückendes Menschsein zählen, hinüberverwandeln wollen und hinüberverwandeln lassen.

Das beste Beispiel für ein derartiges Bittgebet ist das Vaterunser mit seinen sieben Bitten. Es nimmt unser Entbehren und Begehren auf und lenkt es in den Geist und in die Wahrheit unseres Daseins vor dem, der der Geber aller guten Gaben ist. Deshalb steht es auch unter der ausdrücklichen Weisung: So sollt ihr beten. Aber sozusagen das zweitbeste Bittgebet ist für mich der Hymnus, von dem eingangs die Rede war. Es ist dies ein mittelalterliches Bittgebet in der Form eines Liedes zum Heiligen Geist.

Dieser Hymnus ist heute noch als Lied bekannt – allzu bekannt, vielleicht, so daß es einiger Übung und Besinnung bedarf, bis sein Geist und seine Wahrheit uns wirklich ergreifen und wir uns in ihn hineinzuinterpretieren vermögen. Es ist auch nötig, da und dort das Hindernis der mittelalterlich geprägten Denkweise zu überwinden. In seinem Urtext ist der Hymnus in lateinischer Sprache verfaßt. Die deutsche Übersetzung bleibt weit hinter der Schönheit und Kraft des Urtextes zurück. Von dem Hymnus und seinen sieben Bitten her dürfte auch verständlich werden, warum im Mittelalter viele Krankenhäuser und Spitalkirchen, also Stätten besonderen Elends und besonders akuter Bedürftigkeit, gerade dem Heiligen Geist gewidmet waren.

Der Hymnus lautet:

Vater aller Armen Du,
Aller Herzen Licht und Ruh,
Komm mit Deiner Gaben Zahl!

Tröster in Verlassenheit,
Labsal voller Lieblichkeit,
Willkommener Freund.

In Ermüdung schenke Ruh,
In der Glut hauch Kühlung zu,
Tröste den, der Tränen weint.

Du Licht der Seligkeit,
Leuchte den Glaubenden
Bis in ihr Innerstes hinein.

Ohne Deinen Gnadenschein
Ist der arme Mensch allein,
Kann nicht gut und sicher sein.

Wasche, was beflecket ist,
Heile, was verwundet ist,
Tränke, was da dürre steht.

Beuge, was verhärtet ist,
Wärme, was erkaltet ist,
Lenke, was da irre geht.

Heil'ger Geist, wir bitten Dich:
Gib uns allen gnädiglich
Deiner sieben Gaben Kraft.

Gib der Mühe ihren Lohn,
Gib ein gutes Ende,
Gib die immerwährende Freude.
Amen.

Bittgebet

Ein Bittgebet, das nicht ganz durchdrungen ist von dem Wort Jesu vor seinem Tod: nicht mein, sondern Dein Wille geschehe, ist kein Bittgebet, kein Gebet, sondern höchstens die Projektion einer Lebensnot, die ins Leere geht, oder der Versuch einer magischen Beeinflussung Gottes, der sinnlos ist. Gerade wenn und insofern ein Mensch sich bedingungslos Gott und seiner Unbegreiflichkeit überantwortet, was man natürlich nur in Glaube, Hoffnung und vor allem Liebe vermag, werden alle Güter zeitlicher Art, die erbeten werden, grundsätzlich relativiert.

Aber gleichzeitig ist ein Zweites zu sagen. Der Mensch, der so vor Gott tritt und sich seinem Geheimnis bedingungslos überläßt und anvertraut, ist der konkrete Mensch, nicht ein abstraktes Ideal, nicht der bloß „religiöse" Mensch, der einzig nach Gott verlangt. Er ist der Mensch der alltäglichen, profanen und banalen Lebensbedürfnisse und Lebensängste. Dieser soll sich ja gerade im Gebet Gott stellen, so wie er ist, so wie er in seinem gar nicht adäquat auflichtbaren, gar nicht einfach ins Religiöse sublimierbaren Lebensdrang und seiner Lebensnot sich als von Gott gewollt wissen darf.

Karl Rahner

HERBERT VORGRIMLER

Die Würde des Klagens im Angesicht des göttlichen Du

In der Sammlung jener biblischen Gebete, die man Psalmen nennt, steht ein eindrucksvoller Text, mehr als zweitausend Jahre alt, der Psalm 88:

Du, Gott meiner Befreiung! Tagsüber schreie ich, in der Nacht auf dich zu. Mein Bitten kommt vor dich, neige dein Ohr meinem Jammern!

Denn gesättigt ist meine Seele mit Übeln, mein Leben berührt schon die Unterwelt. Ich zähle zu denen, die ins Grab fahren, ich wurde zum kraftlosen Mann, ein unter die Toten Entlassener wie die Erschlagenen, die im Grab liegen, derer du nicht mehr gedenkst, sind sie doch von deiner Hand abgeschnitten. Du hast mich in die unterste Grube gebracht, in Finsternisse, in abgründige Tiefen. Auf mir lastet dein Grimm, und mit all deinen Brechern tauchst du mich unter.

Meine Bekannten hast du von mir entfernt, hast mich ihnen zum Abscheu gemacht. Ich bin eingekerkert, kann nicht hinaus. Mein Auge verschmachtet im Elend.

Ich rufe dich, Du, alle Tage. Ich breite zu dir meine Hände. Wirst du an den Toten Wunder tun, oder werden Gespenster aufstehen, dir danken? Wird von deiner Huld im Grab erzählt, von deiner Treue im Totenreich? Wird dein Wunder in der Finsternis erkannt, im Land des Vergessens deine Bewährung?

Ich aber, zu dir stöhne ich, Du,
am Morgen empfängt dich mein Gebet.
Warum, Du, verabscheust du mich, versteckst du dein Antlitz vor mir?
Gebeugt bin ich und ein Sterbender von jung auf, ich muß deine Schrecken tragen, ich bin zerrüttet.
Über mich sind deine Zorngluten gefahren, deine Schrecknisse machten mich stumm. Sie umfluten mich den ganzen Tag wie Wasser, sie schlagen über mir zusammen.
Entfremdet hast du mir Freunde und Genossen, meine Bekanntschaft ist die Finsternis.

(Übersetzung nach M. Buber und A. Deissler)

Zwei Personen kommen hier vor. Der, den wir in unserer Sprache „Gott" nennen, ist das „Du" in diesem Gebet. Die andere Person ist das Ich, der Betende. Seine Situation kennzeichnet abgrundtiefe Not, aber auch, daß er in all seiner Ausweglosigkeit nicht den Weg gehen könnte, den ein Atheist an seiner Stelle einschlagen würde: verzweifelt ausbrechen aus der Not, verstummen, dem Leben ein Ende machen. Noch im Abgrund hält er an Gott fest, bekennt er Gottes Existenz, indem er zu ihm ruft. Der Sprecher des Psalms ist ein Glaubender. Aber dieses Ich hält am Gottesglauben nicht fest wegen einer fürsorglich waltenden Vorsehung, nicht wegen der Erfahrung, daß einer alles „so herrlich regieret", noch wegen der Betrachtung der Wunder der Natur, in der „die Himmel des Ewigen Ehre rühmen". Nur eine schmächtige Hoffnung ist ihm geblieben, die Hoffnung, er möge nicht umsonst geboren sein. Nur in einem Beiwort findet dieses kleine Stück Hoffnung Ausdruck: „Gott meiner Befreiung". Der Rest ist Klage.

Es ist eine Situation, der kein Mensch entkommt, die hier zur Sprache gebracht wird: Das Leben rührt ans Grab, jeder Mensch ist ein Sterbender von jung auf. Das Ich weiß, daß es sterben wird. Diese Erkenntnis kann die positiven Erfahrungen und Erlebnisse radikal in Frage stellen, denn allem Leben, Lieben, Arbeiten und Feiern ist das Brandmal der Vergeblichkeit eingebrannt. Das Ich wird eines Tages gehen, Geliebte und Gefährten verlassen. Und es wird nie mehr sein, wie es einmal war. Der endgültige Abschied läßt sich kaum mit Erfolg verdrängen. Der Tod wirft seine Schatten weit voraus ins Leben. Der Klagende des Psalms weiß das. Möglicherweise kündigt das physische Ende in einer Krankheit sich drohend an. Aber nicht nur in der leiblichen und seelischen Anfälligkeit und Vergänglichkeit des Menschen äußert er sich. Auch die Einsamkeit gibt es als vorweggenommenen Tod: Wer ohne Beziehung zu Mitmenschen lebt, der ist schon zur Zeit seines Lebens gestorben. Aus verschiedenen Gründen werden Menschen in die Einsamkeit gestoßen, von andern gemieden, von der Gesellschaft verabschiedet. Sie sind unerwünscht, man bringt ihnen bei, daß sie zu nichts mehr nütze sind, sie sterben den Randgruppentod, den Arbeitslosentod, den Pensionierungstod. In einer solchen Lage, in die jeder geraten kann, schreit der Betende des Psalms auf: Nur noch die Finsternis ist ihm als Bekanntschaft geblieben.

Verschiedene Reaktionen eines Menschen, der trotz allem von Gott nicht lassen kann, wären in einer derart ausweglosen Lage denkbar. Als Glaubender wird er beten. Was aber unterscheidet die Klage von anderen möglichen Gebeten?

Der Sprecher des Psalms jammert, er schreit, stöhnt. Er überspielt nichts in der heldischen Pose eines Menschen, dem man eingeredet hat, Jämmerlichkeit sei verächtlich; man habe seine innersten Empfindungen nach außen nicht zu zeigen; man habe sich zu „beherrschen“. Er beherrscht sich nicht, er ist jämmerlich, aber frei von Lüge. Er gibt sich nicht anders als er ist, und so mutet er sich diesem Du zu. Wenn Gott Gott ist, heißt das, dann kann man von ihm erwarten, daß er den Menschen so annimmt, wie er ist, kläglich und jämmerlich.

Der Psalmist verbrämt seine Klage nicht mit Lobsprüchen auf die Güte und Herrlichkeit Gottes. Er sucht keinen geheimen Sinn der offenkundigen Sinnlosigkeit des Zugrundegehens zu behaupten. Er verbirgt nicht, daß sein Urvertrauen zu Gott fundamental erschüttert ist. Er breitet sich nicht in frömmelnden Sprüchen aus. Der „liebe Gott" jener Frommen, die seinen Willen durchschauen und freudig annehmen, tritt in diesem Gebet nicht auf. Das Ich wendet sich an ein Du, das man anschreien kann, das ist keines, das man in einem System unterbringen könnte.

Der Sprecher des Psalms lastet nicht sich die Schuld an der ausweglosen Lage an. Damit wird das Elend menschlicher Freiheit, Verantwortung und Verweigerung keineswegs geleugnet. Der Mensch kann schuldig werden und vielen vieles schuldig bleiben. Vergänglichkeit und Tod sind jedoch so grauenvolle Phänomene, daß sie schlechthin in keinem Verhältnis mehr zur Schuld der Menschheit stehen. Der Beter tut nicht so, als habe er, als einzelner Mensch oder verflochten in den Unheilszusammenhang der Menschheit, gerechte Strafe zu erleiden. Er behält seine Ehre: Er entehrt sich nicht, nicht vor sich selbst und nicht vor Gott. Vergehen und Sterbenmüssen, das ist von Gott herbeigeführt, und es gibt keinen einsichtigen Grund dafür. Gott ist es, sagt die Klage, die zur Anklage geworden ist, der den Menschen in solche finstere Not bringt. Gottes Schrecken schlagen über dem Menschen zusammen. Und doch sagt dieses Ich nicht: Ich habe nichts besseres verdient – oder: Wie klein, wie schäbig bin ich, und wie groß bist du – Gott. Wenn das Ich sich so äußert, nicht mutig, aber freimütig, nicht selbstbewußt, aber ehrlich, eben: klagend, wächst seine Stärke: Es ist arm, geht zugrunde, aber nicht in Schande.

Wenn der Beter dieses Psalms eingangs auch sagt: „Neige dein Ohr meinem Jammern", so verbindet er seine Klagen doch nicht mit konkreten Bitten. Er versucht es bei Gott mit einem Appell, der zur Freimütigkeit der Klagen paßt. Was hat Gott von Toten, fragt er. Will er sich von Gespenstern ehren lassen? Werden die, die im Grab liegen, noch von Gott erzählen können? Der Sprecher setzt voraus, daß Gott den Tod herbeiführt, also Herr über den Tod ist, und daß Gott anders könnte, wenn er nur wollte: Er könnte den Tod verhindern. So appelliert er an Gottes Stolz: Es gehört sich einfach nicht für Gott, auf Lebende zu verzichten, selbst wenn sie lästig klagen und schreien, um statt dessen ein Gott der Gespenster, ein Herr über das Land des Vergessens zu sein. Er wird Gott keine Ruhe lassen, er wird ihm tags und nachts die Aufforderung zuschreien, sich endlich als Gott zu erweisen.

Der Klagende geht davon aus, daß es zum Gottsein Gottes gehört, die Macht über Leben und Tod zu haben. Es kommt ihm nicht in den Sinn, in hoffnungsloser Einsamkeit – und angesichts des Sterbens wäre es ein Luxus, Theologie zu treiben –, daß Gott sich möglicherweise aus freien Stücken seiner Allmacht entledigt hat, um solidarisch mit den Vergänglichen bei denen zu sein, die ihrem Grab entgegensehen. Er mag sich nicht mit der Aussicht trösten, daß das Land der Lebendigen, das Reich Gottes vielleicht nur durch den Tod hindurch erreicht werden kann. Er rechnet damit, daß Gott jederzeit nach freiem Gutdünken in den Lauf der Welt eingreifen, „Wunder" im chemisch-physikalischen Bereich vollbringen kann. Er möchte Gott nicht auf den Innenraum beschränken, auf den sich Gott selber wohl beschränkt hat, als leise Stimme einer Liebe, die den Menschen über sein Ich hinauswachsen lassen will. Er traut Gott schlechterdings alles zu. Er möchte hier und heute, nicht erst am Ende aller Zeiten, die offenkundige Macht Gottes sehen. Wer könnte ihm das verdenken?

Das Gebet der Klage, die Klage als Gebet findet den prägnantesten Ausdruck in einem einzigen Wort, in dem an Gott gerichteten „Warum". „Mein Gott, warum hast du mich verlassen", heißt es in jenem Psalm 22, der im christlichen Verständnis die Klage Jesu am Kreuz wiedergibt. „Warum versteckst du dich vor mir", fragt der Sprecher unseres Psalms 88. Die Kühnheit des Klagenden wird hier noch radikaler. Was ist das für ein Gott, der sich vor den Menschen versteckt? In der Klage befragt der Mensch Gott. Gott hat sich vor dem Menschen zu rechtfertigen.

Das Gebet der Klage, ja sogar der Anklage ist vielleicht die einzige Form, in der Menschen die Situation wirklich sinnlosen Leidens religiös und ehrenvoll bestehen können. Diese Gebetsform ist aus dem christlichen Bereich weitgehend entschwunden. Dabei ist die Klagerede gegen Gott keineswegs ehrfurchtslos. In Wirklichkeit ist ein Verhalten gegenüber Gott ehrfurchtslos, bei dem mit Gott als einer durchschauten Größe kalkuliert, mit dem Wort „Gott" als einer leeren Worthülse operiert wird. In der Klage wird das Du ernst genommen, das einen eigenen, unbekannten und unkalkulierbaren Willen hat. Aber auch das Ich wird ernst genommen, das sich mit den Grausamkeiten des Daseins nicht einfach abfinden, das sich nicht knechtisch unterwerfen kann und darf und dem als letztes Recht das Recht der Frage bleibt: „*Warum?*"

Weigerung

Für den modernen Menschen ist das Aufbegehren gegen die Wege des Himmels natürlich und richtig und für den frommen Juden bedeutet es kein Abweichen von seiner Tradition. Die Mitglieder der Knesset hagdola, der zweitausend Jahre alten, höchst angesehenen gesetzgebenden Versammlung, weigerten sich eine Zeitlang, die Eigenschaften Gottes zu nennen. Wenn er groß und mächtig ist, warum läßt er dann den Feind gewähren? Auch heutzutage kann man sich für die Auflehnung gegen Gott entscheiden und doch innerhalb des Judentums bleiben. Aber diese Auflehnung sollte sich tagtäglich und Nacht für Nacht erneuern im Zusammenhang mit dem Glauben und nicht durch die Ablehnung des Glaubens. Die Verweigerung muß, um einen Wert zu haben, einen Zugang zur Annahme eröffnen. Jedesmal muß der Mensch erklären: „Herr des Weltalls, ich weiß es und Du weißt es auch, daß jetzt die Stunde des Gebetes ist ..., aber ich will es nicht wissen. Es ist mir bewußt, daß ich beten muß, beten müßte, aber ich werde es nicht tun, hörst du mich, Herr des Weltalls?" Wenn einer so handelt und redet, dann wird sein Nein zu einem Ja, seine Weigerung zu beten wird zum Gebet.

Elie Wiesel

HEINZ ZAHRNT

Sich auf Gott verlassen: Glauben auf Leben und Tod

Gott ist dennoch Israels Trost
für alle, die reinen Herzens sind.

Ich aber wäre fast gestrauchelt mit meinen Füßen;
mein Tritt wäre beinahe geglitten,
Denn ich ereiferte mich über die Ruhmredigen,
als ich sah, daß es den Gottlosen so gut ging...

Soll es denn umsonst sein, daß ich mein Herz rein hielt
und meine Hände in Unschuld wasche?
Ich bin doch täglich geplagt,
und meine Züchtigung ist alle Morgen da...
So sann ich nach, ob ich's begreifen könnte,
aber es war mir zu schwer,
bis ich ging in das Heiligtum Gottes
und merkte auf ihr Ende...
Wie werden sie so plötzlich zunichte!...
Als es mir wehe tat im Herzen
und mich stach in meinen Nieren,
da war ich ein Narr und wußte nichts,
ich war wie ein Tier vor dir.

Dennoch bleibe ich stets an dir;
denn du hältst mich bei meiner rechten Hand,
du leitest mich nach deinem Rat
und nimmst mich am Ende mit Ehren an.

Wenn ich nur dich habe,
so frage ich nichts nach Himmel und Erde.
Wenn mir gleich Leib und Seele verschmachtet,
so bist du doch, Gott, allezeit meines Herzens Trost und mein Teil …

Aber das ist meine Freude, daß ich mich zu Gott halte
und meine Zuversicht setze auf Gott den Herrn,
daß ich verkündige all dein Tun.
(Psalm 73)

Der 73. Psalm gehört zur sogenannten „Weisheitsliteratur“ – er will Lebensorientierung bieten. Der Psalmist belehrt, indem er *erzählt,* was er selbst mit Gott in der Welt erfahren hat. Er tut es in der Form des Nachdenkens und des Gebets. Die Welt wird von ihm gewissermaßen *„ins Gebet genommen“.*

Die Hauptsache, die der Psalmist bei seinem Nachdenken über Gott und die Welt entdeckt hat, stellt er dem Ganzen als eine Art Lehrsatz voran: „Gott ist dennoch Israels Trost für alle, die reinen Herzens sind.“ Dieser Satz beantwortet die Frage, *worauf in der Welt Verlaß sei,* mit dem Hinweis auf die *Verläßlichkeit Gottes.* Das ist das Ergebnis eines schmerzhaft erlittenen Lernprozesses. Darum heißt es auch nicht einfach: „Gott ist Israels Trost“, sondern: „*Dennoch* ist Gott Israels Trost.“ Das Wort „Dennoch“ bildet das Schlüsselwort zum ganzen Psalm. Im Grunde besteht das Ergebnis des Lernprozesses, den der Psalmist durchgemacht hat, nur in der Erlernung dieses einen Wortes „Dennoch“. Wir können in diesem Lernprozeß drei Phasen unterscheiden.

Die *erste Phase* läßt sich überschreiben:

Die Situation: Wo ist Gott?

Dem Psalmisten ist angesichts der Welt, wie sie ist, die Grundlage seines Glaubens ins Rutschen gekommen. Was ihn am Lauf der Welt beirrt, das ist der offenbare Widerspruch zwischen dem, was er glaubt, und dem, was er sieht. Den konkreten Anlaß seiner Anfechtung bildet das Glück der Gottlosen. Was ihn daran aufregt, ist, daß sie mit dem Leben nicht nur ohne Gott fertig werden, sondern daß sie – wider alle fromme Erwartung – ohne Gott mit dem Leben sogar gut fertig werden. Blendet er dagegen auf sein eigenes Leben zurück, so muß er feststellen: Nichts von alledem, kein Erfolg und kein Wohlergehen, sondern nur Mißgeschick und Plage – und das trotz Religion und Moral! Und da fragt er sich: Was habe ich eigentlich von meinem Glauben?

Der Psalmist sieht vor lauter Widersprüchen in der Welt Gott nicht mehr! Die ganze sichtbare Welt scheint ihm zu einer einzigen Widerlegung seines Glaubens geworden zu sein. Deshalb verlangt er im Grunde auch nach mehr als nur nach Gottes Mitleid mit seiner Person. Er klagt die Treue Gottes ein: Gott soll sich in der Welt und damit auch ihm endlich als Gott erweisen. Das führt zur *zweiten Phase* seines Lernprozesses:

Die Kehre: Hin zu Gott!

Die Kehrtwendung, die der Psalmist vollzieht, findet ihren stilistischen Ausdruck in dem Wechsel des Personalpronomens. Fortan spricht er nicht mehr in der dritten Person *über* Gott, sondern in der zweiten Person *zu* Gott. Von jetzt ab sagt er „Du“ zu Gott.

Wodurch ist es zu dieser Kehre im Nachdenken des Psalmisten gekommen, so daß sein Glaubenskonflikt zu einem Lernprozeß für ihn wird?

Der Mann hat es sich nicht leichtgemacht. Er hat gründlich über Gott und die Welt nachgedacht und sich dabei nichts geschenkt. Freilich hat er sein Ziel auf diesem Wege nicht erreicht – durch sein Nachdenken hat er den Lauf der Welt und den Willen Gottes, das Unglück seines eigenen Lebens mit dem Glauben an Gottes Güte nicht zusammengebracht: „So sann ich nach, ob ich's begreifen könnte, aber es war mir zu schwer."

Zur „Einsicht" ist der Psalmist erst gelangt, als er, wie er sich ausdrückt, „in das Heiligtum Gottes ging". Was unter diesem „Gang ins Heiligtum Gottes" zu verstehen ist, ob konkret ein Besuch des Tempelgottesdienstes oder ob nur bildlich der Eintritt in den Bereich der göttlichen Wahrheit – auf jeden Fall hat der Psalmist gelernt, daß man an Gott immer nur glauben kann, nicht *weil* die Welt so ist, wie sie ist, sondern *obwohl* die Welt so ist, wie sie ist. Er hat gelernt, *Gott zu vertrauen.*

Fragen wir aber nun genauer nach, worin sich sein neugewonnenes Gottvertrauen bewahrheite, so ist die Antwort darauf beinahe fatal: Daß auf Gott Verlaß ist, erkennt der Psalmist als erstes daran, daß die Gottlosen vergehen, und er unterläßt es nicht, ihr Ende ebenso drastisch auszumalen wie zuvor ihre Herrlichkeit. Ich pflege an solchen Bibelstellen rasch vorüberzugehen, so wie man in einer Galerie an Bildern, die einem nicht zusagen, weil sie einem nichts zu sagen haben, rasch vorbeigeht. Und so gelangen wir gleich zur *dritten Phase.*

Die Bleibe: Bei Gott

„Dennoch bleibe ich stets an dir" – damit steht der Psalmist am Ziel seines Lernprozesses. Es ist kein happy-end. Die äußere Lebenssituation des Beters ist unverändert geblieben: Gott hat sein Leid nicht gewendet.

Was den Psalmisten trotzdem so gelassen macht und

glücklich stimmt, ist die Tatsache seiner unzerreißbaren Gemeinschaft mit Gott – die *Gewißheit der Liebe Gottes.* Von ihr redet er als Beter und Poet in einer Fülle von Bildern. Sie drücken *vier Glaubenserfahrungen* aus:

1. „*Du hältst mich*"

Wohlgemerkt, es heißt nicht „Ich halte dich", sondern: „Du hältst mich." Nicht der Beter faßt Gott an und hält ihn, sondern umgekehrt, Gott faßt den Beter an und hält ihn fest. Diese Verhältnisbestimmung macht das Wesen allen Vertrauens aus. Vertrauen ist in erster Linie nicht eine Leistung, sondern ein Widerfahrnis. Vertrauen schließt mithin immer ein Doppeltes in sich: Einmal, daß sein Grund außerhalb unser selbst liegt; zum anderen, daß dieser außerhalb unser selbst liegende Grund zu uns in Beziehung steht. Damit weist das Vertrauen des Psalmisten auf eine Wirklichkeit hin, die anders ist als er, die er jedoch zu erfahren und wahrzunehmen fähig ist: „Du hältst mich bei meiner rechten Hand."

2. „*Du leitest mich*"

Die Bejahung der göttlichen Leitung des eigenen Lebens sowie des Laufs der Welt ergibt sich für den Glaubenden bündig und unmittelbar aus seinem Glauben an Gott. Aber wenn er davon konkret erzählen soll, dann gerät er in Schwierigkeiten. Es fällt uns schwer, Gott noch im Detail zu erkennen. Darum sind die frommen Kalendergeschichten auch seltener geworden, die von direkten Eingriffen Gottes zu berichten wissen: wie er hier eine Krankheit geheilt, dort vor Gefahr behütet, anderswo wieder genau in der Stunde der Not das fehlende Geld abgezählt geschickt oder den bösen Tyrannen gestürzt habe. Die religiöse Gewißheit der göttlichen Vorsehung geht Hand in Hand mit einem theologischen Nichtwissen. Wir vertrauen Gottes Führung und Geleit wohl noch en gros, aber wir getrauen uns nicht mehr, sie en detail nachzurechnen. Der Glaube an Gott hat wohl Gewißheit, aber er verfügt über keinerlei historisches oder kosmisches Wissen.

Daher läßt sich Gottes Handeln auch nie objektiv demonstrieren. Einsicht in die Leitung der Geschichte nach Gottes Rat gibt es immer nur als Einsicht in die persönliche Existenz des eigenen Geschicks, und auch dies meist nur im großen und ganzen. Nur hier und da entziffern sich uns, wenn wir uns umwenden zu unserer Vergangenheit, einige Punkte unseres Lebens als Schnittpunkte zwischen der sichtbaren Horizontalen und einer verborgenen Vertikalen, und wir beobachten ein Übereinkommen zwischen bestimmten äußeren Ereignissen und dem Sinn, der unserem Leben im ganzen innewohnt. Es geht uns eine Art „Synchronismus" auf zwischen unserem eigenen Weg und dem Gang der Geschichte – und dazu sagt der Psalmist: „Du leitest mich nach deinem Rat."

„Vorsehung Gottes" heißt, gewiß sein, daß Gott in jedem Fall bei uns sein und es nach seinem guten Willen gehen wird. Der Glaube versteht den Lauf der Welt, seinen Ursprung und sein Ziel, nicht, aber er besteht ihn. Er sagt „Ach ja" dazu, und wenn's hoch kommt, spricht er „Amen".

3. *„Du nimmst mich am Ende an"*

Darin drückt sich die Dauer der Gewißheit der Liebe Gottes aus: das *ewige Leben* – weil Gott *ist,* kann der Mensch *bleiben.*

Gewiß, der Psalmist spricht nicht wörtlich und unmittelbar vom „ewigen Leben", aber er tut es doch sinngemäß und mittelbar. Sein Vertrauen auf Gott ist so stark, daß er unwillkürlich sogar die Grenze des Todes übersteigt, und seine Erfahrung der Lebensgemeinschaft mit Gott ist so impulsiv, daß sie ihn unversehens bis in die Ewigkeit hineintreibt.

Angesichts des Todes wird uns die Vertrauensfrage in letzter Zuspitzung gestellt: Worauf ist dann noch Verlaß? Der Psalmist antwortet darauf mit dem Bekenntnis: „Du nimmst mich am Ende mit Ehren an." Das bedeutet: In demselben Augenblick, in dem der Mensch im Tode aufhört, sich zu sich selbst und zur Welt verhalten zu können, verhält sich Gott weiterhin zu ihm. Und eben das heißt „an das ewige Leben glauben". Der Glaube an das ewige Leben folgt mit innerer Logik aus dem Glauben an Gott. Wer „Gott" sagt, sagt „ewiges Leben", oder er sagt im Ernst nicht Gott. Wenn Gott den Menschen hält, wenn Gott ihn nach seinem Rat leitet und am Ende bei sich haben will, dann kann auch der Tod diese von Gott gewollte Gemeinschaft mit dem Menschen nicht zerstören, ja, nicht einmal unterbrechen.

Wohin Gott durch den Tod uns führt, bleibt ein Geheimnis. Mit einem Geheimnis aber kann man leben, wenn man Vertrauen hat. Über ein Geheimnis kann man auch nachdenken, aber man kann es nicht enträtseln wie den Mordfall in einem Kriminalroman. Wenn der Tod für uns aus einem menschlichen Rätsel zu einem göttlichen Geheimnis wird, dann sind wir ein Stück weiter, dann haben wir vielleicht überhaupt die uns mögliche letzte Lebensstufe erreicht.

Gehalten, geleitet, angenommen – alle diese drei Wesensmerkmale seiner Gottesgewißheit schließen sich für den Psalmisten zusammen in dem vierten und letzten.

4. „Gott ist mein Teil“

Das Wort „Teil“, das der Psalmist hier verwendet, um die Bedeutung, die Gott für sein Leben hat, auszudrücken, erinnert an den Ackeranteil, den einer bei der Landverteilung durch Auslosung erhielt; von diesem erlosten Ackeranteil lebte er. Und so bekennt der Psalmist hier von sich: Gott ist mein Lebensunterhalt. Dabei fungiert Gott für ihn nicht nur als der Geber aller guten Gaben, sondern er selbst ist die gute Gabe, also nicht ein Brötchengeber, sondern das Brot selbst.

Mehr als Gott begehrt der Psalmist nicht: „Wenn ich nur dich habe, so frage ich nichts nach Himmel und Erde.“ Nicht der Himmel, d.h. nicht die ewige Seligkeit, und auch nicht die Erde, d.h. nicht eine perfekte Gesellschaft, also weder dogmatische Richtigkeiten noch politische Fixigkeiten, sondern allein die Gemeinschaft mit Gott bildet für den Psalmisten das Ziel aller Religion. Erst aus diesem Ziel ergibt sich alles andere – von der irdischen Gerechtigkeit bis zur himmlischen Seligkeit – als Folge und Frucht.

Was aber, wenn diese Folgen und Früchte ausbleiben? Wenn einer im Kampf für die irdische Gerechtigkeit scheitert oder wenn das Streben nach der ewigen Seligkeit nicht mehr so wichtig erscheint? Darauf antwortet der Psalmist: „Wenn mir gleich Leib und Seele verschmachtet, so bist du doch, Gott, allezeit meines Herzens Trost und mein Teil.“

Auf die heute häufig gestellte Frage: „Wozu brauchen Sie Gott eigentlich?“ würde die Antwort unseres Beters lauten: Im Sinne eines Nutzeffektes – um gut durchs Leben zu kommen, um einen festen Halt zu haben, um moralisch gebessert zu werden, um die Entstehung der Welt zu erklären, um den Staat zu stützen oder die Gesellschaft zu verändern – braucht der Mensch Gott nicht. Wer die

Notwendigkeit und Unentbehrlichkeit des Gottesglaubens in so vordergründiger Weise mit seinem nächsten Nutzen und Zweck für den Menschen, die Gesellschaft, den Staat oder irgendeinen anderen Lebensbereich zu beweisen trachtet, unterschätzt den Menschen in seinen sittlichen, rationalen und produktiven Fähigkeiten und erniedrigt Gott zugleich zu einem bloßen „Lebensmittel", zu einer Zulieferfirma von Ersatzteilen bei beschädigter menschlicher Existenz.

Christen glauben an Gott und reden davon, weil sie etwas erfahren haben, was für sie wahr ist, was ihnen Freude macht und was sie deshalb auch anderen mitteilen möchten. Und so schließt der Psalmist sein Gebet mit dem Bekenntnis: „Das ist meine Freude, daß ich mich zu Gott halte und meine Zuversicht setze auf Gott den Herrn, daß ich verkündige all dein Tun."

Wenn die Christen wieder lernten, „absichtslos" – ohne Gedanken an Nutzen und Zweck, ohne Schielen nach Erfolg, ohne apologetischen Eifer und auch ohne theologische Berufsangst – an Gott zu glauben, zu ihm zu beten und von ihm zu reden, wir würden für die anderen mit unserem Reden von Gott glaubwürdiger und für uns selbst in unserem Glauben gelassener und in unseren Gebeten inniger.

Laß fahren, was hindert

Wir haben ja doch alles, was wir haben, von Gott. Und wenn wir alles und jedes, was wir von ihm empfangen haben, ganz und gar wieder hinauftragen mit einem innegewandten, ihm zugekehrten Antlitz und Gemüt: wie kann es anders sein, als daß dies ungeteilt und mit gesammelter Kraft der Seele geschehe. Und so soll denn der Mensch alle seine Kräfte, die auswendigen und inwendigen, alle zu Gott hinauf spannen und tragen.

Dies ist die rechte Weise, die zum wahren Gebet gehört. Und meinet nicht, das sei ein wahres Gebet: viel äußerlich mit dem Munde plappern, viel im Psalter und viel Vigilien lesen und die Ringe am Rosenkranz streichen, wenn derweilen das Herz hierhin und dahin läuft. Wisset fürwahr: alle Gebete oder Werke, die euch an dem Gemüt des Gebetes hindern, lasset kühnlich fahren, sie seien oder heißen wie sie wollen, und wie groß oder gut sie auch scheinen, ausgenommen allein die Gebete auf Zeit und Stunde für solche, die nach der Ordnung der heiligen Kirche sie schuldig sind. Dies ausgenommen, laß kühnlich fahren, was dich an dem wahren, wesentlichen Gebet hindert.

Johannes Tauler

EVA ZELLER

Sehnsucht vorausleben nach verwandelter Zukunft

Und ich sah einen neuen Himmel
und eine neue Erde;
denn der erste Himmel und die erste Erde vergingen,
und das Meer ist nicht mehr.
Und ich sah die heilige Stadt, das neue Jerusalem,
von Gott aus dem Himmel herabfahren,
bereitet wie eine geschmückte Braut ihrem Mann.
Und ich hörte eine große Stimme von dem Thron,
die sprach:
Siehe da, die Hütte Gottes bei den Menschen!
Und er wird bei ihnen wohnen,
und sie werden sein Volk sein,
und er selbst, Gott, wird mit ihnen sein.
(Offenbarung 21, 1–6)

Luther hat einmal gesagt, Beten sei das Handwerk des Christen. Wer, so möchten wir fragen, versteht heute noch etwas von diesem Handwerk. Selbst da, wo wir nicht selber ein Gebet zu formulieren versuchen, sondern die in der Tradition aufgehobenen Gebete nach- und mitbeten, machen wir oft die uns bestürzende Feststellung, daß unsere Erfahrungen von den vorhandenen Gebetsworten nicht mehr gedeckt werden. Es ist, als seien diese Worte von uns abgerückt und führten ein unverbindliches Eigenleben, das bestenfalls noch zu unserer Erbauung dienen kann.

Ähnlich mag es uns auch beim Lesen des Textes aus der

Apokalypse gehen, wo, wie in einem wunderbaren Gedicht, von einem neuen Himmel und einer neuen Erde die Rede ist und von einer heiligen Stadt, die vom Himmel herabfahren wird. Was sagt uns das noch, einem Menschen des zwanzigsten Jahrhunderts? Schmeichelt sich das nicht nur ins Ohr? Ist das nicht nur eine grandiose, zwar betörende, aber völlig unrealistische Beschreibung, mit der wir nichts anfangen können? Oder könnte uns das Lesen in dem dicken Buch Bibel doch immer wieder eine Gebetshilfe werden?

Zwei Besinnungen vorweg:

Erstens: Der Text stammt aus der Apokalypse. Was ist Apokalyptik? Es ist der Inhalt einer jüdischen Literaturgattung, in welcher Enthüllungen über das zu erwartende Weltende gemacht werden und Enthüllungen über den Einbruch der Gottesherrschaft. Die Apokalyptiker des Alten Testaments greifen zurück auf jüdische Weisheitsschulen, die über ein umfangreiches historisches, naturkundliches, medizinisches und astronomisches Wissen verfügten.

Zweitens: Der hier zitierte Bibeltext stammt aber nicht aus dem Alten, sondern aus dem Neuen Testament. Zweifellos ist Johannes, der Seher, von den Apokalyptikern des Alten Bundes beeinflußt. Er nimmt ihre Stichworte auf, ja, bewegt sich immer wieder im Zitat.

In der Kathedrale zu Vézelay in Burgund ist ein romanisches Figurenkapitel zu sehen, dessen Betrachtung wahrhaft Gebetsanleitung wäre. Die alttestamentliche wie die neutestamentliche Apokalyptik ist unter dem ungeheuren Leidensdruck der Geschichte entstanden wie auch unter dem Leidensdruck des Einzelnen, der hier seinen Mund auftut. Not – die beten lehrt – wird in der Bibel an verschiedenen Stellen als Kelter gesehen, die Leidenden als die Gekelterten.

Die Kelter war ursprünglich das Austreten der Trauben mit nackten Füßen, später eine maschinelle Vorrichtung, eine Holzpresse zum Auspressen des Mostes aus den Trauben. In Vézelay ist eine Kelter, eine mystische Mühle zu sehen, in welche oben ein alttestamentlicher Prophet Trauben schüttet. Gedreht aber wird diese Mühle, gepreßt wird diese Presse nicht von einer unsichtbaren blinden Kraft, von keiner Geschichte, von keinem sogenannten Schicksal, sondern von dem Apostel Paulus. Ein Mann des Neuen Bundes, ja, einer, der einmal ein Saulus war und ein Paulus wurde, bedient die Kelter, preßt die Trauben.

Wie anders können wir dieses Bild verstehen, als daß dem Leiden, dem Gepreßtwerden, ein Sinn abgepreßt werden kann, sofern eine neue Dimension hinzutritt, welche auf dem Figurenkapitel durch die Gestalt des Apostels Paulus symbolisiert wird. Er ist es, der den Gekelterten Druck und Leiden zumutet, der sie aber, da er der Mann von Damaskus ist, als Verwandlung zumutet.

Von dieser Verwandlung, dieser neuen Dimension, haben wir zu reden, nach ihr haben wir zu fragen, weil wir es hier mit einem apokalyptischen Text des Neuen Testaments zu tun haben. Der Seher Johannes, der im vom Judentum hindurchgetragenen heilsgeschichtlichen Denken beheimatet war, reißt nun seine weltendliche und weltrettende Zukunftschau hinüber über einen Schnittpunkt, hinter dem mehr als alttestamentliche Hoffnung, hinter dem neutestamentliche Gewißheit aufleuchtet:

„Und ich sah einen neuen Himmel und eine neue Erde, denn der erste Himmel und die erste Erde vergingen, und das Meer ist nicht mehr."

„Und das Meer ist nicht mehr!" Das ist eine gigantische Überraschung. Und eine befreiende. Das Meer, die bedrohliche göttliche Urflut, ist nicht mehr. Es hat sich erübrigt angesichts des neu erschauten, neu zu erschauenden

Welt-Bildes. Eine erlebnishafte Vision, die das Unheimliche, die alles Verschlingende ausblendet, um ein neues Bild an seine Stelle zu setzen:

„Und ich sah die heilige Stadt, das neue Jerusalem, von Gott aus dem Himmel herabfahren, bereitet wie eine geschmückte Braut ihrem Mann."

Das ehemalige Bild der Urflut wird nicht ins neue der Stadt transformiert. Das Alte ist weggewischt, das Neue, die heilige Stadt, fährt von Gott aus dem Himmel herab als „die Hütte Gottes bei den Menschen! Und er wird bei ihnen wohnen, und sie werden sein Volk sein, und er selbst, Gott, wird mit ihnen sein."

Theologia gloriae oder science fiction?

Wie ernst nehmen wir, Beter von heute, das apokalyptische Zukunftsbild einer Wohnstatt mit himmlischen Maßen? Einer Stadt, in der er selbst, Gott, bei uns wohnen wird? Wie ernst nehmen wir die höchste Entsprechung einer Wunschstadt, die aller Welt Verlangen wäre, als Grundriß einer besseren Welt?

Können wir, Menschen von heute, da, wo Visionen auftauchen, uns aufnehmen, mitnehmen lassen? Sind wir imstande, durch das Brennglas des neutestamentlichen Sehers seine Real-Utopie zu erkennen im Bild der heiligen Stadt, nach der wir betend uns sehnen, oder tritt dieses Bild nur tröstend unserem Angsttraum von der anderen, täglich erlebten Stadt Babylon gegenüber? Kommt hier massiv Zukunft auf uns zu, oder bleibt es so eine Art happy end, ein Luftschloß letztlich, das entschwindet, wenn wir danach greifen wollen?

Wiederum Luther war es, der vom Beten als von dem „unverschämten Geilen" des Menschen nach Gott gesprochen hat. „Um unseres unverschämten Geilens willen", sagt er, wird Gott unser Gebet erhören. Wir hören das Wort „geil" nur noch im Zusammenhang mit höchst weltlichen, meistens mit sexuellen Begierden. Im Gebet geil sein nach Gott – das soll die ungeheure Intensität des Betens benennen. Verrückt sein im Gebet, ver-rückt hin zu Gott, um ihm in den Ohren zu liegen.

Die neue Stadt, die Heimatstadt, aus der niemand mehr vertrieben werden kann, weil Gott dort mit den Menschen wohnt. Wie anders können wir uns dieses Traumbild näherrücken, ganz nahe rücken, wie anders können wir es, ohne geblendet zu sein, anschauen, als wenn wir es mit den Augen sehen, die Christus uns geöffnet hat. Eine Stadt, das Gegenbild zu Babylon, eine Stadt, in der alles neu gemacht wurde, in der kein Leid, kein Geschrei und kein Schmerz mehr, ja, in der kein Tod mehr ist.

Wie übersetze ich diesen paradiesischen Zukunftsaspekt?

Ich stelle mir keine Mauern aus Jaspis, keine Tore aus Perlen, keine goldgepflasterten Gassen vor, sondern Menschen, die gelernt haben, oder soll ich sagen, die ermächtigt worden sind, auf ihre Macht über andere Menschen zu verzichten. Ich stelle mir die Bewohner dieser Stadt vor als Menschen, die auf die Vergöttlichung ihrer Macht verzichten. Ich stelle mir eine Stadt vor, die bevölkert ist mit Menschen, die deshalb kein Leid, kein Geschrei, keine Schmerzen bei anderen und sich selber anrichten, weil sie die radikalste Verkehrung der bisherigen Gottesvorstellung mitvollzogen haben und dessen innegeworden sind, daß Gott sich seiner Macht begeben hat, daß Gott in unser armes Fleisch und Blut gekommen ist. In unser armes Fleisch und Blut gekommen ist, damit wir, seine mächtigsten Geschöpfe, Menschen werden sollen. Ich stelle mir eine Stadt vor, in der Menschen nicht mehr über Menschen herrschen und den Terror der ständigen Selbstbestätigung und Selbstbehauptung nicht mehr nötig haben. Ich stelle mir eine Stadt vor, die mich am Mißbrauch meiner

Kräfte hindert, weil ihre Bürger und also auch ich einen Garanten dafür haben, daß die göttliche Schwachheit stärker ist, als die Menschen sind. Ich stelle mir eine Stadt vor, in welcher der einzig wahrhaft revolutionierende Gedanke Gestalt angenommen hat, der Gedanke, den Paulus im zweiten Korintherbrief so ausdrückt: „Laß dir an meiner Gnade genügen, denn meine Kraft ist in den Schwachen mächtig. Darum will ich mich am allermeisten rühmen meiner Schwachheit, auf daß die Kraft Christi bei mir wohne."

Eine Stadt, in der die Kraft Christi bei den Menschen wohnt. Das ist kein liebgewordener Gedanke, auf den man nicht gern verzichtet. Das ist auch keine der unzähligen Utopien welcher weltanschaulichen Prägung auch immer, die einen Ausweg aus unserem Dilemma suchen. Das ist eine Konsequenz aller Verzweifelnden und Verdurstenden.

Wie unser Durst, wie unsere Qual heute aussieht, möchte ich mit den Worten des französischen Dramatikers *Eugène Ionesco*, des Erfinders des absurden Theaters, sagen. Schockierenderweise hat *Ionesco* zur Eröffnung der Salzburger Festspiele 1972 von unserer Kultur als von einem Kartenhaus gesprochen:

„Ich bin ein Mensch unter drei Milliarden anderer. Ich predige in einer übervölkerten Wüste. Weder ich noch andere können einen Ausweg finden ..."

Was *Ionesco* im folgenden sagte, war wahrhaft apokalyptisch, weltendlich. *Ionesco* glaubt nicht mehr an ein Weltgewissen, das die universellen Zerstörungen aufhalten könnte, die enormen Verwüstungsmaschinen abstellen könnte. Und er fährt fort: „Mehr noch als die unserer Kontrolle entgleitende Technik wird uns die Summe unserer entfesselten Begierden, die sich wiederum gegen die entfesselten Begierden des anderen richtet, zur explosionsartigen Katastrophe führen und Angst, Ekel, Trauer und Schrecken verbreiten."

Von Revolutionen, die die Welt verändern können, verspricht *Ionesco* sich nichts mehr, weil jede Revolution, sobald sie Fuß gefaßt hat, ihre Gegner straft und Rache übt, weil alle Beziehungen auf Gewalt beruhen und nicht – so *Ionesco* wörtlich – „im Namen der Liebe gemacht werden. Der Begriff Liebe, der Begriff Vergeistigung ist nicht nur lächerlich gemacht worden, er existiert nicht mehr. Schon allein die Idee der Metaphysik weckt Spott und Zorn."

„Die Menschen drehen in ihrem Planetenkäfig ihre Kreise, weil sie vergessen haben, daß man auch den Himmel sehen kann. Worum kreisen die Fragen der Menschen? Wie lasse ich's mir gutgehen? Wie kann ich die Welt besitzen? Wie industrialisiere ich die Menschheit bis zur Sättigung? Das ist es, was man Humanität nennt und was sich die Menschen vorgenommen haben. Damit bleibt jegliche spirituelle und metaphysische Beschäftigung außer acht. Das Problem unsrer Zukunft, unserer Existenz im Universum, der Wert oder die Unsicherheit unserer existentiellen Bedingungen – das alles wird nicht mehr in Betracht gezogen. Das Hauptproblem unseres Seins wird vergessen: das Problem unsrer letzten Bestimmung. Wir haben vergessen, was Kontemplation sein kann. Wir haben vergessen, was Gebet sein kann. Wir können nicht mehr zum Himmel aufblicken."

Wieder Kontemplation üben, wieder beten lernen, wieder zum Himmel aufblicken – das wäre die Gegenbewegung, heraus aus unserem sich drehenden Planetenkäfig, in dem wir uns selber zugrunde richten. Es kann gar nicht deutlich genug gesagt werden: Die Aussicht auf die neue Stadt ist keine Illusion, keine Sinnestäuschung, keine Trugwahrnehmung, keine Wunschvorstellung, sondern ein uns gesetztes Glaubensziel, dem schrittweise schon entgegengeht, wer in seinem Leben, in seinem ihm zugemessenen Lebenskreis, schon zu verwirklichen versucht, was der Zielsetzer Christus uns vorgelebt hat und aufgetragen hat: Liebe üben. Das klingt so abgegriffen, so millionenmal in den Wind gesagt und ist doch die einzige Chance, um zu überleben.

Herr Jesus Christus,
die Zeit, die uns noch bleibt, um Liebe zu üben, ist kurz. Wir wollen diese Zeit nicht totschlagen mit dem einen oder anderen aus dem Überangebot der Zeit-tot-schlagen-Industrie. Wir wollen die Zeit ausfüllen mit dem, was diejenigen für wesentlich erkannt haben, deren Seelen arbeiten gelernt haben. Billiger und einfacher als durch eine unermüdliche Seelenarbeit ist Glauben nicht zu haben, Hoffnung nicht, Verheißung nicht, Zukunft nicht. Alle anderen Gegenwirkungen gegen die apokalyptischen Ängste haben sich als unwirksam erwiesen außer daß ich Dich, Christus, kräftig in mir wirken lasse. Nur du kannst uns in die neue Stadt versetzen, in der wir von unseren alles vernichtenden Machtinstinkten erlöst werden. Amen.

Von vorne anfangen

Rabbi Pinchas von Korez bedauerte, nicht singen zu können. Und er sagte oft: „Wenn ich singen könnte, würde ich Gott zwingen, mitten unter den Menschen zu wohnen."

Rabbi Levi-Jizchak von Berditschew betete mit Inbrunst, weil er an das Gebet glaubte. Gerne erzählte er: „Ich sah einen Dieb, gerade als man ihn festnahm. Ich hörte ihn murmeln: ‚Na, wenn schon! Ich werde wieder anfangen, das nächste Mal wird es besser gehen.' Dieser Dieb hat mich gelehrt, daß man immer wieder von vorne anfangen muß."

Elie Wiesel

JÖRG ZINK

Die Welt ist gesegnet und voll Freude

Wenn ich über Beten spreche, soll ich etwas von mir selbst vorzeigen. Von mir selbst. Nicht weniger als dies, wenn ich ein Gebet nennen soll, das mir besonders am Herzen liegt, und wenn ich dazu noch erklären soll, warum es mir kostbar ist. Und ich werde es den Lesern noch nicht einmal leichtmachen können. Denn, was ich besonders liebe, das ist gar nichts Christliches, wie sie es vermutlich von mir erwarten. Ich bin also darauf angewiesen, daß sie ein paar Schritte mitgehen auf einem Weg, der ihnen ein wenig fremd ist.

Ich gehe zweihundert Jahre zurück oder mehr – und hinüber über den Atlantik nach Mittel- und Nordamerika, in die Prärien und Urwälder jenes weiten Landes, in dem die indianischen Völker gelebt haben, ehe die Weißen sie aus ihrer Heimat vertrieben.

Denn die Gebete, die ich besonders liebe, sind die der Sioux oder der Völkerstämme Mexikos und Perus. Da betet zum Beispiel einer jener Menschen, die wir für Wilde gehalten haben, dies:

O Herr der Welt, höre mich.
Von der Himmelshöhe, von der Meerestiefe,
wo immer du bist, Schöpfer der Welt.
Du Schöpfer der Menschen, Herr aller Herren.

Zu dir komme ich,
allein und mit schwachen Augen,
voll Sehnsucht, dich zu erkennen.
Du siehst mich. Du kennst mich.

Sonne und Mond, Tag und Nacht,
Frühling und Winter,
sie alle eilen, wie du es gebietest,
von ihrem Anfang zu ihrem Ziel.

O höre mich an,
laß mich zu dir, mein Ziel, kommen,
daß ich nicht ermatte auf dem Wege,
und gib mir das Leben.

Ich habe das Gefühl, wir Abendländer hätten Grund, unsere Anmaßung, auch unsere christliche, abzulegen. Wir haben jene indianischen Kulturen zerstört, haben an ihre Stelle den primitiven westlichen Materialismus gesetzt und stehen heute an einem Punkt, an dem auch nachdenkliche Menschen unter uns das Beten wieder lernen müssen wie Schulkinder das ABC. Und vielleicht ist es noch nicht einmal das Schlechteste, wenn wir es auch von denen lernen, deren Frömmigkeit wir im Namen des Christentums und wirtschaftlicher Machtgier ausgerottet haben.

In Peru beteten die Indianer am frühen Morgen dies:

Die Morgenröte kleidet
sich in ihr Lichtgewand.
Sie will Ehre erweisen
dem Schöpfer der Menschen.

Der hohe Himmel
legt die Decke seiner Wolken
von sich. Er beugt sich
vor dem Schöpfer der Menschen.

Die Sonne,
die Königin unter den Sternen,
breitet ihre Strahlen aus
wie goldenes Haar.

Der Wind,
der über die Erde geht,
streichelt auf seinem Wege
die Wipfel der Bäume,
und wir hören ihn reden
in den Zweigen.

In den Bäumen
singen die Vögel
und bringen ihr Lied dar
dem Herrn der Erde.

Die Blumen
breiten ihre Farben aus
und ihren Duft.
Es ist herrlich, sie zu sehen.

So rühmt auch mein Herz
dich, meinen Vater,
bei jeder Morgenröte
aufs neue,
du, mein Schöpfer.

Was für eine Barbarei hat sich unter uns ausgebreitet! Wo sind die Christen, die noch so empfinden? Die sich noch in einen Morgen stellen, den Wind reden hören und sehen, wie die Sonne ihr goldenes Haar über der Erde ausbreitet? Wir haben den Glauben eingegrenzt auf den Menschen und seinen Gott. Von religiöser Bedeutung ist für uns, daß der Mensch lebt, daß der Mensch gut und böse kennt, daß ihm seine Sünden vergeben werden, daß seine

Beziehung zu Gott intakt ist und daß er am Ende das ewige Reich Gottes erreicht, wo er, der Mensch, der ja auch dort wieder das einzige Geschöpf Gottes ist und das wichtigste, das er sich denken kann, ihm zugewandt lebt. Die Welt und ihr Geheimnis, ihre Würde, ihre Unmittelbarkeit zu Gott – das spielt kaum eine Rolle. Was Wunder, daß die christliche Zivilisation sich heute als grauenhaft brutale Zerstörerin ihrer Welt erweist. Was für eine Barbarei!

Wir Christen haben uns zur einzigen Religion der Erde entwickelt, die die Welt, die Schöpfung, die Kreatur mißachtet, mit Füßen tritt, verwüstet und ausbeutet. Zum einen Teil deshalb, weil uns das nach unserer Gewohnheit nicht daran hindert, fromm zu sein, und zum anderen Teil deshalb, weil wir ja auf eine bessere Welt hoffen und die alte, gegenwärtige getrost zugrunde gehen lassen können. Heute stehen wir an einem Punkt, an dem die Schöpfung Gottes beginnt, vor unseren Augen zugrunde zu gehen. Durch uns.

O Herr der Welt, so beten die Indianer Mexikos,
o Herr der Welt, dir singe ich.
Alles blüht um mich her,
und die Welt ist gesegnet und voll Freude.

Dir singe ich!
Wie glänzt jetzt der Tau,
wie jubeln alle die bunten Vögel,
der Gesang der Zwitschernden tönt überall.
Alle singen dir zu Ehren,
dem Erschaffer des Alls, dir, der Gott ist.

Du allein
bist die Quelle des Gesanges,
denn das Lied wurde im Himmel geboren.
Im Himmel läßt seine Stimme strahlen

der liebliche Vogel der Götter,
und die heiligen Vögel jubeln im Wechselgesang
zum Preise des, der die Welt geschaffen.

Mein Herz hört die Stimmen,
und ich will alle dunklen Schleier
der Vergangenheit den Winden geben,
damit auch mein Seufzen aufsteigt
in den unendlich leuchtenden Himmel,
hoch hinauf, und mitklingt,
wo die gelben Kolibris singen
zum Preise des Gottes im Himmel.

Ach, ich will nicht weinen auf Erden.
Ach, ich weiß, was immer die Erde trägt,
muß enden, wie hier unser Leben endet.
Laß mich singen zu dir, du Grund des Alls,
im Himmel möge meine Seele zu dir singen,
daß du sie freundlich ansiehst,
du, durch den wir leben.

Vielleicht ahnen wir modernen Abendländer im Spiegel eines solchen Gebets, wie viel wir verloren haben und warum unser eigenes Beten eine so sterile Sache geworden ist – warum es zum Beispiel Bücher wie diese geben muß, in denen erklärt wird, wozu das Beten überhaupt gut sein soll.

Was uns fehlt, das ist die Fähigkeit, die Dinge in ihrer eigenen Würde wahrzunehmen, und die Fähigkeit, ihnen nicht nur irgendeine Aufmerksamkeit, sondern unsere Seele zuzuwenden. Wir sehen nur noch Dinge, Tiere, Bäume, aber wir sehen nicht mehr durch sie hindurch auf Gott hin. Wie sollten wir aber unmittelbar zu Gott reden können, wenn er doch in unserer Welt nicht mehr vorkommt? Wenn die Dinge ihren eigenen Gesetzen gehorchen und wenn es für uns selbst keine höheren Autoritäten gibt als die Heiligkeit der Wirtschaft, des Geldes, der Politik und der Macht – und wie unsere wirklichen Götter alle heißen. Wie sollten wir mit Gott reden können, da wir doch gänzlich verlernt haben, leise Stimmen zu vernehmen?

Ein indianischer Häuptling schrieb vor gut hundert Jahren an den Präsidenten der USA: „Es gibt in den Städten der Weißen keinen Ort der Stille, keinen Ort, dem Singen der Frühlingsblätter oder dem Knispeln eines Insektenflugs zu lauschen. Ein Indianer liebt den weichen Klang des Windes, wenn er über das Gesicht eines Sees streicht. Er liebt den Geruch der Luft, wenn sie von einem Mittagsregen rein gewaschen ist oder beladen mit dem süßen Duft der Kiefer."

Und wir? Wenn heute ein Mensch unseres Landes darum kämpft, daß ihm der Duft des Windes erhalten bleibe oder das Zirpen einer Grille, dann gilt er als ein Träumer, ein Naturapostel. Auf jeden Fall als ein Mensch, der nicht ernst zu nehmen und zu politischem Handeln unfähig ist. Und wenn es heute Hunderttausende sind, die in unserem Land unter der Verwüstung ihrer Welt leiden und um ein Paar Bäume kämpfen, dann findet man, es gebe doch merkwürdig viele, die nicht in unsere Zeit passen. Wenn bei uns einer mitleidet mit den Leiden der Kreatur, dann ist völlig klar, daß es ihm am Sinn für Realität fehle, denn realistisch denken, das heißt bei uns ja, Wohlstand, Fortschritt und Wachstum an die Stelle setzen, an der früher Gott war. Wie sollte man bei uns beten können?

Was uns heutigen Menschen fast vollkommen fehlt, das ist die Fähigkeit, uns mit allen Gedanken und Sinnen einem Licht zuzuwenden, einer Farbe, einem lebendigen Wesen – und das, ohne irgend etwas davon haben zu wollen.

Wir lernen das Schweigen nicht mehr, auch nicht das innerliche. Wir lernen nicht mehr, auf ein lautloses Wort zu hören und ihm zu antworten oder etwas Nicht-Sichtbares wahrzunehmen. Wir haben ganz und gar verlernt, in einem einfachen Ding mehr zu sehen als das einfache Ding, in einem Stein mehr als den Stein, in einem Blatt mehr als das Blatt oder in einem Menschen mehr als nur den Menschen.

Man kann vor einem Baum stehen und dabei das Einwurzeln einüben, das Wachsen und Sichausbreiten. Man kann einen großen runden Stein in der Hand halten und sich das Licht vorstellen, das in dem kompakten, dunklen Stein ist. Wer das kann, für den ist der Gedanke, Gott sei in allen Dingen gegenwärtig, fast selbstverständlich. Zur Einübung ins Beten gehört darum, daß man die Ehrfurcht wieder lernt, die ganz und gar unmoderne, ein Geheimnis gelten zu lassen, auch wenn andere sagen: Ich glaube nur, was ich sehe. Zur Einübung ins Beten gehört, daß man sich mit solchen und anderen scheinbar vernünftigen Sprüchen nicht um seine seelischen und geistigen Fähigkeiten und am Ende um die Wahrheit bringt.

Vielleicht lernen wir von den Wilden, wie wir sie nennen, von den Primitiven, wie wir sagen, wieder allmählich das Staunen, das wir so sehr verlernt haben. Das Staunen zum Beispiel über die unermeßliche Phantasie des Schöpfers, über die unendliche Vielfalt der Gräser, der Blumen, der Käfer, der Muscheln oder der Schneckenhäuser. Staunen darüber, wie kein Gras dem anderen gleich ist, keine Schneeflocke der anderen. Wir haben an die Stelle des Staunens unsere Kenntnis gesetzt und wundern uns, daß die Welt nicht mehr zu uns spricht. Wir geben den Kreaturen Gottes unsere Namen, lateinisch oder deutsch, und dann lassen wir sie zugrunde gehen. Und wundern uns darüber, daß die Freude, von der das indianische Gebet spricht, sich nicht einstellen will, daß in unserem Land die Schwermut überhand nimmt, der Überdruß und die Lustlosigkeit.

Was haben wir von einem Baum, einem Schmetterling, einer Wasserpflanze schon erfaßt, wenn wir wissen, wie die Lehrbücher sie nennen? Was ist damit erreicht, außer, daß an die Stelle des Staunens die Ehrfurchtslosigkeit tritt und an die Stelle der liebenden Freude die Gleichgültigkeit. Was für eine Barbarei!

Ich sage Ihnen zum Abschluß noch ein Abendgebet der Siouxindianer:

Gott, du bist mein Vater,
du bist meine Mutter.

Jetzt werde ich schlafen
unter deinen Füßen,
unter deinen Händen,
du Herr der Berge und der Täler,
du Herr der Bäume
und aller Schlinggewächse.

Morgen ist wieder ein Tag.
Morgen ist wieder das Sonnenlicht.
Ich weiß nicht, was dann sein wird.
Meine Mutter und mein Vater
wissen es auch nicht.

Nur du, Gott, siehst mich.
Du hütest mich auf jedem Weg,
in jeder Dunkelheit,
vor jedem Hindernis,
du mein Herr,
du Herr der Berge und Täler.

Du weißt, was ich heute gesagt habe,
ob es gut war oder böse,
ob es zu wenig war
oder zu viel.
Du aber vergibst mir
alle meine Verfehlungen.

Ich bekenne mich gerne dazu, daß ich als Christ, der die so sehr ähnlichen Psalmen des Alten Testaments kennt, diese Gebete liebe. Und nichts schiene mir wichtiger, falls wir überhaupt wieder in den großen und weiten und lichten Raum des Gebets hineinwachsen wollen, als daß gerade wir Christen aus unseren Begrenzungen und Verengungen herausfinden und aus der Erstarrung unserer Sprache. Ich glaube, daß wir durchaus die Freiheit und Schönheit unseres eigenen Glaubens wiederfinden können. Denn wir sollen ja nicht die Frömmigkeit eines fernen und vergangenen Volkes übernehmen, sondern, wenn uns dies gelingt, das Geheimnis unseres eigenen Glaubens neu aufspüren.

Der Lohn

Es ist klar, daß das Gebet einem tiefen Bedürfnis entspricht, dem Bedürfnis zu verstehen und verstanden zu werden, dem Bedürfnis zu glauben, daß es irgendwo ein Wesen gibt, das uns versteht. Es stillt das Bedürfnis zu sprechen, sich anzuvertrauen, zu singen und zu denken, teilzuhaben an etwas, das größer ist als wir. Gebet ist das Bedürfnis sich zu verlieren, um sich frohen Herzens und ganz wiederzufinden, weil man Verzeihung erlangt hat; ist das Bedürfnis, Wohl und Wehe des gegenwärtigen Lebens zu rechtfertigen, Bedürfnis, seinem Leid Ausdruck zu verleihen und darüber zu weinen, Bedürfnis, sich gehen zu lassen und auch das Bedürfnis zu sein und Bedürfnis, sich seines Wesens bewußt zu werden.

Gebet ist im vollen Sinn des Wortes ein Akt des Glaubens, des Glaubens an Gott und an die Geschichte, an Gott als den Herrn der Geschichte, der ebenso gerecht wie allmächtig und barmherzig ist, des Glaubens an das Wort, des Glaubens an den Glauben. Ohne ihn ist das Gebet eine Parodie. Beten heißt, fähig zu sein, seine Stärken und Schwächen zu erkennen, seine Existenz und seine Zukunft zu ermessen, heißt empfangen und geben. Ohne diese Möglichkeit wäre der Mensch um eine wesentliche Dimension ärmer. Niemand ist mehr zu bedauern als der Mensch, der nicht beten kann, denn nicht beten ist keine Sünde, sondern eine Strafe. Elie Wiesel

Die Autoren

Rudolf Walter, Dr. phil., lebt als Verlagslektor in Bollschweil bei Freiburg i. Br.

Phil Bosmans, Ordenspriester, Leiter einer überkonfessionellen Bewegung in Antwerpen (Bond Zonder Naam), die Menschen in Not hilft.

Johannes Brantschen, Professor für Fundamentaldogmatik, lebt und lehrt in Fribourg.

Walter Dirks, Professor Dr. theol. h. c., Schriftsteller und Mitherausgeber der „Frankfurter Hefte“, lebt in Wittnau bei Freiburg i. Br.

Friedrich Heer, Professor für Geistesgeschichte des Abendlands, Schriftsteller und Historiker, Chefdramaturg am Wiener Burgtheater, lebte in Wien.

Wladimir Lindenberg, Dr. med., geboren in Rußland, Psychiater und Schriftsteller, lebt in Berlin und Bayern.

Eduard Lohse, Professor für Neues Testament, Abt des Klosters Loccum, Landesbischof in Hannover.

Jakob J. Petuchowski, lehrt als Forschungsprofessor am Lehrstuhl für christlich-jüdische Studien am Hebrew Union College – Jewish Institute of Religion in Cincinnati, Ohio/USA.

Joseph Kardinal Ratzinger, Präfekt der Kongregation für die Glaubenslehre, Vatikanstadt.

Kurt Scharf, Dr. theol., Bischof der Evangelischen Kirche in Berlin-Brandenburg, ehemaliger Vorsitzender des Rats der EKD.

Bernardin Schellenberger, Mönch der Trappistenabtei Mariawald/Eifel.

Max Seckler, Professor für Fundamentaltheologie an der Universität Tübingen.

Herbert Vorgrimler, Professor für Dogmatik und Dogmengeschichte an der Universität Münster.

Heinz Zahrnt, Dr. theol., Publizist, lebt in Soest.

Eva Zeller, Schriftstellerin, Vizepräsidentin der Deutschen Akademie für Sprache und Dichtung, lebt in Düsseldorf.

Jörg Zink, Dr. theol., Pfarrer und Publizist, lebt in Stuttgart.